J.M. Romero

TAO

Las enseñanzas del sabio oculto

editorial Kairós

Numancia 117-121, 08029 Barcelona, España
www.editorialkairos.com

Fotocomposición: Moelmo, S.C.P., Girona 53, 08009 Barcelona
Diseño cubierta: Katrien van Steen
Impresión y encuadernación: Romanyà-Valls. Verdaguer, 1. 08786 Capellades

Primera edición: Febrero 2013
ISBN: 978-84-9988-179-9
Depósito legal: B 33.717-2012

Este libro ha sido impreso con papel certificado FSC, proviene de fuentes respetuosas con la sociedad y el medio ambiente y cuenta con los requisitos necesarios para ser considerado un "libro amigo de los bosques".

Sumario

Preliminar

Sorprende la vigencia de la filosofía taoísta, especialmente útil en estos tiempos de crisis y desconcierto. La lectura de sus clásicos, dotados de singular fuerza poética, revela que ni las emociones experimentadas por aquellas gentes, ni la calidad de las situaciones que vivían eran tan diferentes a lo nuestro, y los sentimos cercanos, más allá del espacio y el tiempo.

Este texto se fundamenta en los tres libros considerados como el canon del taoísmo: el *Tao Te Ching* o *Laozi*, el *Zhuangzi* y el *Liezi*. Estos libros se concretaron entre los siglos -IV y -III, época dorada de esta corriente de pensamiento, cuyo período creativo se extiende a lo largo de mil años. El primero se expresa a través de sentencias, y los dos restantes, de alegorías y apólogos protagonizados por filósofos, reyes, campesinos y otros personajes, no siempre identificables con personas reales. Tampoco las autorías de los textos, con alguna excepción, son bien conocidas.

Dada la singularidad de la lengua china, por demás, resulta inevitable la merma para quienes no somos capaces de gozar del original. Existen infinidad de traducciones a las diversas lenguas, especialmente del *Tao Te Ching*, cada una de ellas con sus criterios particulares. Para este libro, he utilizado esencialmente las versiones directas al castellano del reputado sinólogo Iñaki Preciado, que he contrastado con otras varias; las citas ofrecidas, en particular, provienen de la mencionada fuente, aunque en ocasiones me he permitido alguna modificación, en aras de una mayor claridad en el contexto particular.

Ni el desorden formal, ni la fragilidad documental, ni, en fin, todo lo que perdimos por el camino por no conocer el idioma chino impiden, sin embargo, la comprensión de los textos y, en particular, de su mensaje filosófico. Me atrevería incluso a asegurar lo contrario, pues los gaseosos planteamientos taoístas sintonizan muy poco, como veremos, con los rigores estructurales a que tan aficionada es la erudición.

Para la construcción de este texto me he apoyado, además, en un cuarto fundamento: el *I Ching*, o *Libro de los Cambios*. Habiendo sido redactado en época anterior, y gozando en China de consideración universal, incluidos personajes tan dispares como Confucio y Mao Zedong, este tratado no admite la clasificación restrictiva de texto taoísta. Pero su luz singular ayuda a comprender la concepción cósmica de los filósofos del Tao, crecidos en el mismo campo abonado, y por ello he creído conveniente dedicarle un apartado específico.

Adquirí mi primer *Tao Te Ching* a los dieceseis años, hace cuatro décadas. Su misterioso laconismo me sedujo desde el primer día. Pronto, el *I Ching*, el *Zhuangzi* y el *Liezi* acudieron a hacerle compañía. Los he mantenido siempre cercanos, en el contexto de una dedicación continuada a las culturas del Indostán y el Extremo Oriente. En 2010, tuve el privilegio de pasar la mayor parte del año en China, repartiendo el tiempo entre la megalópolis Shanghái y una población denominada Yangshuo, situada en la provincia sureña de Guanxi, en un paraje de belleza excepcional, caracterizado por las combinaciones de roca cárstica, agua y niebla, tan representadas por los pintores del país como cantadas por sus poetas. Empleé ese tiempo en el estudio de la historia y la religión de los chinos, y de algunos rudimentos de su idioma. Desde esos escenarios, la filosofía de los viejos taoístas resultó más comprensible y luminosa que nunca.

La compañía de los yinshi me ha reconfortado. En estos tiempos en que la crisis nos expulsa a una soledad amarga, disociándonos de todos los sistemas, ellos suministran un vínculo. Con ellos, la crisis no es sino una fase más, y no precisamente la más negativa.

CHIANG MAI,
Marzo de 2012

La crisis y el yinshi

De una crisis nació el taoísmo

Tras el magnicidio del rey You de Zhou en el año -771, se abre en China un período de crisis que durará más de cinco siglos, es decir, un tiempo equivalente al que media entre la llegada de Colón a America y nuestros días. La monarquía es persistentemente débil, el poder está fragmentado. Surgen señores feudales ansiosos de ampliar territorios y ceñir corona. Se disputa, se guerrea. Se pacta, se traiciona. Leyes y legitimidades pierden fuerza. Crece la arbitrariedad, y con ello la injusticia, la impunidad y la violencia. Abundan los paisajes con sangre humana. No hay modo de conseguir una estabilidad duradera.

El mundo antiguo ha desaparecido, y tan sólido como parecía. La situación es muy novedosa. No se trata únicamente de una adversidad puntual, sino del colapso de todo un sistema. Las cosas van a peor. El futuro es una angustiosa incógnita. El desconcierto se instala en todas las capas de la población.

El trauma de la crisis dejará una marca indeleble en la conciencia del chino: es el paradigma de inestabilidad, de peligro, de incertidumbre. En suma, el escenario de lo no deseable. En el polo opuesto, resplandecen las épocas doradas de los Zhou Occidentales, los Han, y otras dinastías gloriosas: un mundo próspero, ordenado y sin sobresaltos. Dos escenarios que se irán alternando en la historia de China.

Seguridad e incertidumbre. También los occidentales conocemos bien esas emociones. Quienes han construido su vida fiados a los mecanismos de la sociedad industrial contemplan alarmados cómo la máquina se oxida. Las estructuras se derriten. Los valores *seguros* sobre los que se cimentaban las emociones pierden sentido. Lentamente, muy lentamente, el mundo sólido en que nacimos se agrieta. La sociedad del bienestar empieza a no poder ser, y el futuro es incierto.

A finales del período de Primavera y Otoño (-771 a -479) y en el subsiguiente período de los Reinos Combatientes (-479 a -221), cuando más aguda era la crisis, surgió una miríada de pensadores ofreciendo recetas para la salida de la misma: eruditos palaciegos, maestros privados, filósofos, chamanes, embaucadores varios. El conjunto se conoce poéticamente como las Cien Escuelas Filosóficas. Es el período del *Tao Te Ching*, el *Zhuangzi* y el *Liezi*, y también de Confucio y Mencio.

De entre todo lo vertido, dos semillas llegarían a fructificar esplendorosamente: el taoísmo y el confucionismo. Junto con el budismo, llegado más tarde del extranjero, y la ancestral religión popular, estas dos tendencias filosóficas se establecerían como los grandes proveedores del pensamiento chino a lo largo de la historia.

La receta confucionista consistía en la creación de un sistema ético-político-social organizado hasta el mínimo detalle. Dentro de ese orden, se esperaba que la élite instruida y virtuosa diera ejemplo al pueblo. La base de su conocimiento eran "Los Cinco Clásicos", y la virtud se construía sobre criterios morales. Los rituales, por otra parte, enraizados en el pasado, se contemplaban como elemento de cohesión social. El confucionismo no resulta difícil de comprender para la mente occidental, ya que la moral y el conocimiento son asimismo nuestros valores fundamentales.

Los taoístas, en cambio, optaban por la contemplación. Aclaremos que en este libro nos referimos exclusivamente a los llamados yinshi, o sabios ocultos, que fueron los inspiradores de los libros esenciales del taoísmo filosófico. Posteriormente, el taoísmo se haría mucho más complejo, llegando incluso, en algunos casos, a contradecir el mensaje inicial. Al final del libro se dedica un capítulo a este particular.

El yinshi, o sabio oculto

Digamos para empezar que el yinshi no pretende ser un santo, ni fundar religión alguna. Se trata únicamente de un hombre que percibe, relaciona y, si se da el caso, emite. Así pues, su figura es más próxima al filósofo griego que al santo milagrero, y sus proposiciones están más basadas en la experiencia que en la fe.

Yinshi significa "sabio oculto" en lengua china. El concepto sugiere un filósofo que no desea inscribirse en ningún grupo, ni formar parte de ningún organigrama, para no ver mermada su libertad. La libertad absoluta es el fundamento innegociable de su práctica. Su posición extrema le conduce a un gran individualismo, y en ocasiones a adquirir distancia física y convertirse en una especie de ermitaño.

En aras de conseguir esa libertad, el yinshi rechaza fama, poder, riquezas e inluso el ansia de una larga vida, pues considera que todo ello son ataduras. Estas son las palabras de Yangzhu, uno de los primeros y más radicales taoístas:

> «Los hombres no consiguen vivir en paz y tranquilidad por cuatro motivos: el primero, la longevidad; el segundo, la fama; el tercero, el rango social; el cuarto, las riquezas. Estas cuatro cosas provocan el miedo a los espíritus y el miedo a los hombres, el temor al poderoso y el temor al castigo. A tales hombres se les puede llamar fugitivos de su propia naturaleza: pueden matarlos o pueden conservar la vida, pero su destino no les pertenece».
>
> *LZ,* Libro de Yangzhu*

* Con alguna excepción indicada expresamente, todas las citas que aparecen en el texto proceden de los tres libros clásicos taoístas, los cuales se referencian mediante siglas: *LZ* (*Liezi*), *ZZ* (*Zhuangzi*), *TTC* (*Tao Te Ching* o *Laozi*).

El sabio oculto aspira a una percepción integral del universo. A comprender los mecanismos que relacionan los diversos elementos que ahí flotan. A habitar el instante. A montar la ola. A tocar su parte en la sinfonía. A cumplir con su papel en el sistema, en definitiva, al igual que el hierbajo, el protozoo, la lechuza, el asteroide. En palabras de Zhuangzi:

> «A confundirse con el canto de los pájaros, y en esa confusión con el canto de los pájaros alcanzar la fusión con el Cielo y la Tierra».
>
> *ZZ, Libro XII*

Este aprendizaje resulta imposible por la vía de la razón, herramienta tan limitada como la fuerza física. Por ello, el yinshi prioriza el cultivo de la intuición frente al del pensamiento. Y, en lugar de atiborrarse de conocimientos, escoge vaciarse. Así se recoge en el *Tao Te Ching*:

> «Alcanzar el vacío es la norma suprema, conservar la quietud es el máximo principio.»
>
> *TTC16*

A falta de opciones mejores, el yinshi define su práctica como el camino del Tao. ¿Qué es el Tao? Algo que, no pudiendo ser definido, se sugiere poéticamente: el Tao es el tesoro de los hombres buenos y el refugio de quienes no lo son; el Tao se mira pero no se ve, se escucha pero no se oye, se palpa pero no se siente; el Tao es vacío, pero inagotable; el Tao mora en la oscuridad del abismo, y es limpio como el agua cristalina; el Tao puede transmitirse, mas no recibirse; el Tao es principio y final, y el camino en sí mismo:

> «El hombre tiene por norma la tierra,
> la tierra tiene por norma el cielo,
> el cielo tiene por norma el Tao.
> El Tao tiene por norma su propia naturaleza».
>
> *TTC25*

Como ha quedado dicho, el taoísmo surge en respuesta a una crisis, entre otras propuestas filosóficas. No es de extrañar, pues, que a menudo se manifieste en contraste con ellas, en particular con las ofrecidas por los confucionistas, que solían ocupar una posición muy central en el debate. Así, critica el diseño moral que ellos defienden, pues a su modo de ver conduce a la hipocresía; los rituales, que contempla como mero alimento de supersticiosos; y la exaltación del estudio y las leyes, pues argumentan que las palabras no bastan para atrapar la vida y que, en definitiva, hecha la ley, hecha la trampa.

El yinshi apela a percibir la vida con amplitud cósmica y, dentro de esta percepción, a atender especialmente a las emociones que surgen de nuestro interior más profundo, pues ellas son, más allá de las leyes escritas y la moral inducida, las que de verdad condicionan nuestras actuaciones.

En aquellos tiempos difíciles, la filosofía de los taoístas no siempre se vio comprendida. La sociedad, traumatizada por la pérdida del orden, no vislumbraba a través de sus gaseosas propuestas el confort ansiado. Su singular postura, tan ajena a los razonamientos mayoritarios, les convertía incluso en objeto de mofa. Por ello, decidían retirarse, incluso esconderse:

> «Cuando los tiempos son propicios, el sabio se manifiesta ampliamente en el mundo, y entonces retorna a la perfecta unidad y no deja huella alguna; mas si no hallan ese tiempo propicio, penan grandemente en el mundo, y entonces se ocultan en la máxima quietud, y esperan. Este es el arte de preservar la propia persona».
>
> *ZZ, Libro XVI*

En China, la administración del Estado se ha basado tradicionalmente en el confucionismo. El taoísmo, sin embargo, se ha mantenido presente en los diversos estratos de la sociedad. A menudo se ha dicho: el chino es confucionista en la esfera pública y taoísta en la privada.

El carácter del yinshi, en particular, pervive en un arquetipo muy querido, que aparece en poemas y pinturas tradicionales: ese individuo solitario, feliz con lo poco que posee, vagando en la niebla, sentado junto a un arroyo, contemplando las estrellas, disfrutando de la copa de vino de arroz. Ni que decir tiene que es el obligado contrapunto al hombre febril y pragmático, y que cada uno de ellos es exactamente tan chino como el otro.

Del Bien y el Mal, y qué hacer con ellos

Contra la Virtud

Confucio situó la Virtud como piedra angular de su detallado sistema ético-político-social. La cualidad central del ser virtuoso era la benevolencia, que se combinaba con otras cualidades. La fórmula recomendada había de producir seres fuertes, frugales, leales y compasivos. Si la sociedad se ordenaba sobre los cimientos de esa Virtud, todo habría de funcionar perfectamente.

La propuesta no parece para nada irrazonable. Religiones moralistas como el cristianismo o el budismo suscribirían sin dudarlo los postulados básicos de la misma. También la harían suya sistemas de pensamiento político como el socialismo democrático, tan central en el Occidente del último medio siglo.

Sin embargo, los yinshi taoístas sitúan al cultivo de esa Virtud como objetivo preferente de sus críticas. Ya en el quinto poema, el *Tao Te Ching* advierte que ni el Cielo ni la Tierra, ni el verdadero sabio, ofrecen benevolencia alguna. Un poco más adelante, insiste en la misma idea:

«Cuando el Tao ha sido abandonado
aparece la benevolencia
Cuando surge la inteligencia y la sabiduría
aparece la gran hipocresía».

TTC18

Zhuangzi, por su parte, se despacha con durísimas críticas a los sabios confucionistas. Ellos son los auténticos culpables de la convulsión de aquellos días, y no hay más solución que apartarles de sus estrados:

«Eliminad a los sabios, desechad a los inteligentes, y un gran orden reinará en el mundo».

ZZ, Libro XI

¿Por qué ese encono contra algo tan deseable como la Virtud?

En aquella época turbulenta, los enfrentamientos eran frecuentes: en el campo de batalla, en las calles, en palacio. En cada una de las batallas, cada uno de los contendientes enarbolaba la bandera de la Virtud, es decir, del Bien. A la vista de esto, ¿no era natural que el taoísta pusiera en tela de juicio las mismas bases del sistema?

El dualismo de los opuestos complementarios

Desde épocas tempranas, muy anteriores al nacimiento de la filosofía taoísta, se empezó a desarrollar en China la teoría de los opuestos complementarios, que posteriormente serían simbolizados mediante los conceptos Yin y Yang, cuyo significado original se refiere, respectivamente, a las laderas umbría y soleada de una colina. En breve, la teoría consiste en lo siguiente: en el principio era lo primordial, sin edad ni límites: energía. Es lo que se conoce como Wuji, cuyo símbolo es el círculo en blanco. De ahí surgen los dos opuestos, conjunto que expresa gráficamente el Taiji, el famoso círculo dividido por una línea ondulada entre dos mitades de colores negro y blanco: el Yin y el Yang. Cada una de las partes aloja en su interior un punto del otro color, que no es sino la semilla del opuesto. Con la evolución, cada sector acabará mutándose en su contrario.

El concepto de dualismo de opuestos complementarios nace de la observación más primaria. El dualismo macho-hembra es el ejemplo más evidente. También es antiguo el dualismo Cielo-Tierra, traducible como mundo divino-mundo terrenal, o como lo espiritual-lo material, o como muerte-vida. Otros dualismos esenciales serían: trabajo-descanso, día-noche, padre-hijo, jefe-empleado, rico-pobre.

Algunos son más sutiles, como este que se sugiere en el *Tao Te Ching*:

«Modelando el barro se hacen las vasijas,
y es de su vacío
del que depende la utilidad de las vasijas de barro».

TTC11

Materia-vacío, pues. Un par que, como sonido-silencio, puede ser aplicado a múltiples elementos.

Llegados a este punto, ya hemos advertido que los diferentes pares resultan muy hetereogéneos. Es evidente que alto-bajo no se puede inscribir en la misma categoría que Cielo-Tierra, o que materia-vacío. Lo que parecía un planteamiento simplón, pues, se torna complejo. Y es ahí, justamente, donde radica su valor. Por una parte, reparamos en que los pares son útiles a distintos niveles: el mencionado par sonido-silencio, por ejemplo, puede usarse para comprender conceptos de armonía musical, pero también para entender que en la vida hay momentos para significarse y momentos para mantenerse en una discreta segunda fila. Por otra parte, advertimos que en cada instante conviven una inmensidad de dualismos en movimiento, y en diversos grados de intensidad, lo cual multiplica las variantes y los matices hasta el infinito.

Avancemos ahora un paso más. Observemos que, donde no existe dualismo, este surge de forma espontánea. De un único Yang, no tardará en desgajarse un Yin, como si fuera una ameba. ¿Por qué? Sencillamente, necesitamos la tensión que crean los opuestos.

Tomemos una pareja, por ejemplo. A lo largo del día, deberá tomar una sucesión de decisiones en común. Por bien avenida que esté, lo natural es lanzar razones al aire y contrastarlas, pues ello amplía la perspectiva y asegura una mejor decisión. «¿Llamamos a tu madre para que se haga cargo del niño o a una canguro?», «¿Cocinamos carne o pescado?», «¿Salimos, o nos quedamos en casa?» Estas perspectivas opuestas, espontáneamente surgidas en cada caso, son el Yin y el Yang. En realidad, la vida sin las tensiones entre los opuestos es inimaginable.

Incluso en uno mismo se da ese dualismo, que es la esencia de la duda: «¿Voy o no voy?», «¿Hablo o me callo?». Es la posibilidad del no-ir la que da sentido al ir, y la del callarse la que da sentido al hablar, igual que no hay difícil sin fácil, ni largo sin corto. Así lo resume el sabio:

> «Ser y no-ser se engendran mutuamente,
> difícil y fácil se producen mutuamente,
> largo y corto se forman mutuamente,
> alto y bajo se completan mutuamente,
> significado y palabra se armonizan mutuamente,
> delante y detrás se siguen mutuamente;
> es la ley de la naturaleza».
>
> *TTC2*

Hasta aquí, todos de acuerdo. El chamanismo ancestral, el confucionismo, el taoísmo. E incluso la ciencia física: ¿qué sería de ella sin los polos positivo y negativo? O la ciencia informática, que a través del sistema binario de ceros y unos ha desarrollado los prodigios técnicos de los que todos disfrutamos.

La discordancia llega con la introduccion del valor en el juego.

Irrumpen los valores

Tomemos el par belleza-fealdad para ilustrar este punto. Ya sabemos que son interdependientes, pues no hay bello sin feo, ni feo sin bello; que creando el concepto de belleza, en definitiva, creamos el de fealdad.

El matiz nuevo es el valor. En el par elegido, las cargas positiva y negativa se reparten de manera nítida: quien posee belleza se siente afortunado, quien carece de la misma, desgraciado. A partir de esta valoración, todos invertimos esfuerzo en acumular belleza; por desgracia, este esfuerzo se convierte a menudo en un forcejeo ansioso, lo cual crea desequilibrio en la relación entre opuestos, y desemboca en situaciones de sufrimiento.

El taoísta, en cambio, sabe distinguir en la belleza la semilla de la desgracia: ahí habita un monstruo llamado arrogancia que ansía desarrollarse, y no le falta abundante alimento, léase vítores y elogios. Lo cierto es que se requiere una fortaleza mayúscula para mantener la naturalidad cuando se es objeto de persistente enaltecimiento. El bello deberá esmerarse, pues, en lo que en términos empresariales se denomina gestión del éxito, una batalla que el feo podrá ahorrarse.

Una derrota en esa batalla, además, dejará consecuencias de cara al futuro: ¿qué sucederá cuando la belleza falte? ¡Cuánta amargura ha generado la belleza marchita! ¡Y cuántas depresiones la fama diluida!¡El poder perdido!¡La riqueza volatilizada! No son infrecuentes las imágenes patéticas de la vieja reina de la belleza traumatizada por las arrugas, del político caído en descracia, del especulador acorralado, del cantante pasado de moda, de la celebridad olvidada. Los quirófanos especializados en cirugía plástica, las clínicas de desintoxicación y los divanes de los psiquiatras están repletos de este tipo de derrotados.

El feo, por su parte, debe librar su propia batalla. Si el bello se las tiene contra la arrogancia, el feo lucha contra la frustración y la envidia. Ambas batallas acaban convergiendo en una, pues no son sino dos caras de la misma moneda, o dos laderas de la misma colina, ya que hablamos del Yin y el Yang. Y es en esa convergencia donde adquieren sentido profundo las enseñanzas del taoísta, según las cuales ambos opuestos no son sino expresiones de una misma unidad indivisible.

Uno y otro, pues, deben tomar conciencia de esa realidad más extensa. Lo esencial es ampliar el foco, ganar anchura y profundidad. Contemplando el conjunto, sobran teorías y maestros: resulta obvio que la belleza y la fealdad no son sino valores impuestos por cánones circunstanciales, y totalmente ajenos a la naturaleza profunda de los individuos.

La realidad, además, suministra generosas evidencias al respecto. El culto obsesivo que en Occidente rendimos a la delgadez, por ejemplo, contrasta con la admiración por las mujeres gordas que se mantiene en ciertas sociedades africanas, donde incluso existen clínicas para adquirir sobrepeso, y con la veneración tradicional de los indostanís por los actores obesos; por abundar en la materia, recordemos que nuestros propios antepasados suspiraban por mujeres rellenitas como las que pintó Rubens, de modo que seguramente se sentirían muy poco atraídos por algunas de las modelos que hoy en día circulan por las pasarelas.

¿Y qué decir del esfuerzo de los orientales por mantener una piel lo más pálida posible? Todo lo contrario que nosotros, que nos afanamos en exponernos al sol o a los rayos uva para adquirir un buen bronceado. También es bien sabido que muchas tribus valoran cortes en la piel y deformaciones de orejas, labios o cuellos como elementos de belleza. Solo hay que hojear algun volumen de etnología y contemplar fotografías de congéneres para convencerse de lo muy relativo de los cánones.

Hans Christian Andersen, en su célebre cuento *El patito feo*, transmitió perfectamente este concepto. En el taoísmo existen muchas historias similares. La que sigue no está exenta de ironía:

«Un hombre que tenía un bulto en el cuello del tamaño de una jofaina vino a dar consejo al duque Huan del estado de Qi. Le tomó este tantísima afición que, cuando veía un hombre bien formado, le parecía que su cuello era demasiado pequeño».

ZZ, Libro V

En otras historias se le da la vuelta al valor, evidenciando que en ocasiones resulta más beneficioso ser feo que bello. Por ejemplo, en una selección de ofrendas sacrificiales:

«En los sacrificios rituales que se celebraban en la antigüedad, ni el buey de testud blanca, ni el cerdo de hocico levantado, ni el hombre con almorranas podían ser arrojados al Río como ofrenda. Todo esto, bien sabido es de chamanes y agoreros. Lo que ellos tienen por nefasto, los hombres espirituales lo consideran muy favorable signo».

ZZ, Libro IV

No es difícil transferir el concepto a nuestro mundo actual. ¿Es que el megafamoso actor no se cambiaría a veces por la persona ordinaria, que puede pasear por la calle sin ser asediada, sentarse en un restaurante sin ser observada, tomar el sol sin ser fotografiada por el paparazi? Y el multimillonario, ¿no pagaría por desprenderse de la maldita paranoia que le empuja a sentir que todo aquel que se le aproxima lo hace movido por interés económico? Y esa mujer voluptuosa, ¿no daría lo que fuera por obtener la certeza del amor, en lugar de sospechar que todo el anhelo del pretendiente se reduce a beneficiársela?

Habrá que concluir, con *Zhuangzi*, que las almorranas, la fealdad, la pobreza y la condición de ciudadano anónimo son más útiles, en ocasiones, que sus exaltados opuestos:

> «Todos conocen la utilidad de lo útil, más ignoran la utilidad de lo inútil».
>
> *ZZ, Libro IV*

Irrumpe la moral

Ya hemos visto que no hay Yin sin Yang, ni Yang sin Yin, y no solo eso, sino que cada uno nace en el otro. Y, en esa relación, hemos considerado el efecto desestabilizador de los valores asociados. Ahora damos el paso decisivo, y contemplamos situaciones en que los valores encierran un carácter moral. Llegamos así a la posición del viejo yinshi, con la esperanza de comprender mejor su *excéntrica* actitud frente al dualismo Bien-Mal.

Todos los ejércitos luchaban bajo la bandera del Bien, decíamos. Desde entonces, no parece que las cosas hayan cambiado mucho. Con una gran variedad de heterónimos (Virtud, Dios, verdad, patria, democracia, libertad, justicia, dignidad, corrección, moral, etc.), todos siguen reclamando la misma bandera: naciones, grupos étnicos, terroristas, guerrilleros, comunidades religiosas, partidos políticos, gobiernos; y, en consecuencia, adjudicando automáticamente al adversario la representación del Mal (heterónimos: tiranía, dictadura, corrupción, injusticia, diablo, amenaza, inmoralidad, incorrección, etc.).

Así, escuchamos al terrorista suicida, a punto de perpetrar una masacre de personas inocentes a quienes no conoce, declararse mártir por Dios misericordioso. ¿Como es posible que esas visiones de escombros y humo de bombas, de sangre y despojos de carne humana pendiendo de hierros calcinados sean celebradas por millones de personas?

Y vemos a los ejércitos que defienden las democracias del mundo desarrollado, tan meticulosas ellas con los derechos humanos, invadir países lejanos y bombardear aldeas inocentes, torturar prisioneros y falsear información, todo ello en nombre de la democracia, la libertad y la paz. ¿Consiste en eso realmente la Virtud?

Como un torrente, fluyen en nuestras mentes innumerables ejemplos de apropiación de la bandera del Bien, y el enorme caudal de injusticia cometida bajo ese cobijo.

Las disputas territoriales, en particular, siempre en nombre de alguna legitimidad, han sembrado el mundo de cadáveres, tiñéndolo de sangre. Y, sin embargo, ¿existen realmente tales legitimidades? ¿A quién pertenece la tierra?, ¿al pueblo al que Dios la concedió?, ¿a la tribu que la heredó?, ¿al imperio que la colonizó?, ¿al propietario que la adquirió?, ¿al campesino que la trabaja? Todos disputan, todos presentan su meticulosa selección de capítulos históricos: su irrefutable verdad.

¡Y qué decir de ese célebre Dios misericordioso! ¿Por qué obligó a los aldeanos a lapidar al blasfemo? ¿Por qué condenó al vigoroso novicio a la represión sexual y la culpa? ¿Por qué nos confunde, en su infinitud, negando al hebreo el chorizo y al hindú el solomillo, dictando al mullah que el vino es arma del diablo, pero entregándolo al obispo como ofrenda ceremonial? ¿Y por qué ha dispuesto, en definitiva, tan desgarradora sucesión de guerras y cataclismos?

No olvidemos tampoco el código de cada tiempo y lugar, esa tiranía tan volátil como implacable. ¿Debe la mujer decente ocultarse si un macho ajeno a la familia entra en la casa, como es habitual en las regiones del Hindu Kush y el Karakorum, o por el contrario es más sano que exhiba el cuerpo que le ha sido dado, como hacen las chicas del *PlayBoy* y las hedonistas de Copacabana? ¿Hay que ajusticiar a los asesinos para mantener el orden, como en China, Uganda o Texas, o es mejor respetar la vida del reo, como en Nueva Zelanda, Paraguay o Burundi? ¿Debemos admirar a los adictos al trabajo, toda esa gente que se pavonea de trabajar dieciséis horas al día o pensar que son mentes insanas? ¿Y qué hay del fumar? Los de mi generación crecimos convencidos de que un cigarrillo en la comisura de los labios nos aproximaba a Robert Mitchum y Humphrey Bogart, y ahora resulta que el fumador es poco menos que un delincuente, confinado en espacios públicos cada vez más minúsculos, cada vez más humillantes, y cada vez peor visto por sus congéneres.

Basta. A estas alturas ya estamos hechos un buen lío, con tanta bandera del Bien. Más o menos lo que debió sucederle al viejo yinshi, para exclamar:

> «Entre el sí y el no,
> ¿qué diferencia existe?
> Entre el Bien y el Mal,
> ¿cuál es la diferencia?».
>
> *TTC20*

Los moralistas se llevan las manos a la cabeza ante semejante postura. Ellos, que tan nítidamente distinguen la diferencia entre el uno y el otro. Ellos, que son defensores irreductibles del Bien y pugnan por exterminar el Mal.

Esos moralistas predican la benevolencia, pero, atascados cada uno en su verdad particular, perpetúan la confrontación y miran para otro lado cuando les conviene. De ahí, el lamento del taoísta:

> «Aparecieron los sabios, y se esforzaron en practicar la Benevolencia, y se desvivieron por ejercitar la Justicia, y fue entonces cuando la confusión empezó a reinar en el mundo».
>
> *ZZ, Libro IX*

¿Qué hacer, pues, con el Bien y el Mal?

De entrada, el yinshi advierte que en cada situación convergen un millón de razones. Por más que nos esmeremos, solo conseguiremos analizar una ínfima parte de las mismas y dejaremos el resto desatendidas. La realidad compleja y dinámica se nos escapa como el agua entre las manos. Con tan mínima información, ¿cómo podemos aspirar a establecer categorías morales desde las que juzgar al prójimo?

Además, el yinshi recuerda que el Bien y el Mal no son sino elementos inseparables de una misma unidad. Como sucede en cualquier par Yin-Yang, se definen mutuamente. Se necesitan. Aunque uno de ellos consiguiera aniquilar al otro, este no tardaría en regenerarse. Cualquier intento en este sentido, pues, está destinado al fracaso. Toda confrontación es estéril.

Para el taoísta, el Bien y el Mal cohabitan en todos los lugares, en todos los instantes, en todas las personas, compartiendo fronteras ambiguas y dinámicas, como la luz y la sombra, lo masculino y lo femenino, la belleza y la fealdad. El nítido reparto de papeles reclamado por los moralistas, pues, se ajusta más a su interés personal que a la realidad:

> «Uno mismo es también el otro, y el otro es también uno mismo. El otro tiene su propia afirmación y negación, y uno mismo también tiene su propia afirmación o negación. Más, ¿verdaderamente hay diferencia entre el otro y uno mismo?».
>
> *ZZ, Libro II*

La postura del yinshi, tan sensata, suena en cambio terriblemente radical, pues rechaza de plano lo que toda sociedad exige desde la cuna: tomar partido.

El único partido del taoísta es el Tao. La humildad, la inclinacion natural, el fluir, el mantener una perspectiva tan amplia y profunda como sea posible. Con ese soporte, ¿qué necesidad hay de definir la Virtud?

> «El hombre superior no tiene Virtud
> y por ello precisamente la posee.
> El hombre de virtud inferior se aferra a la Virtud
> y por ello precisamente carece de ella».
>
> *TTC38*

Nadie llegó para quedarse, pero todo permanece

En permanente transformación

La idea de transformación constante es el segundo gran pilar del pensamiento taoísta. Queda muy bien expresada, en combinación con el dualismo Yin-Yang, en el símbolo del Taiji: esa semilla de cada elemento que aparece, recordemos, inscrita en su contrario.

Así pues, la percepción del sabio taoísta abraza no solo los opuestos complementarios, sino la totalidad del proceso transformador que transcurre del uno al otro, y luego de vuelta sin detenerse. En la luz del día, descubre el crepúsculo y la noche. En el invierno, la primavera y el verano. En la mujer bella reconoce a la anciana que será, pero también a la niña que fue, e incluso al espermatozoide. En la victoria de hoy, la derrota de mañana. En la fama, el olvido. Contemplando al rey en su trono, ve un montón de huesos carcomidos. No solo eso: también las cenizas del trono.

La que sigue es una de las múltiples citas a este respecto, extraída del *Zhuangzi*:

«Muerte y vida, ganancia y pérdida, miseria y éxito, pobreza y riqueza, así como sabiduría e ignorancia, infamia y gloria, hambre y sed, frío y calor, todo aquello no es sino mudanza de las cosas y discurrir del destino. Siguense como el día y la noche, sin que el humano conocimiento alcance a conocer su principio. No tienen por qué alborotar la paz interior, ni deben introducirse en la mansión del espíritu».

ZZ, Libro V

La percepción panorámica ayuda al yinshi a no caer en el espejismo de la estabilidad eterna, ni en el desespero de la crisis irresoluble. En consecuencia, disfruta de los buenos momentos con moderación y afronta los malos con entereza, recordando que unos y otros se relacionan en armónica exactitud.

Cabe recordar que en la Biblia se considera la misma idea: ¿qué otra cosa sino representa el sueño del faraón, donde las vacas flacas devoran a las gordas? Por otra parte, cualquier tratado de historia de cualquier país muestra abundantes ejemplos de procesos en los que se alternan victoria y derrota, abundancia y escasez. El proceso es tan obvio y tan repetido que tan solo cabe preguntarse por qué nos empeñamos en ignorarlo una y otra vez; por qué, en definitiva, insistimos en engañarnos a nosotros mismos.

Al yinshi, esa visión equilibrada de las cosas le facilita la toma de decisiones acertadas. En fase de opulencia económica, por ejemplo, evitará euforias que le lleven a contraer hipotecas excesivas, y sabrá capear la presión social, desde el bombardeo publicitario hasta las exigencias del entorno personal, incluida la arrogancia de esos nuevos ricos que, de repente, se sienten elevados por encima suyo. Para él, resulta crucial gestionar el éxito con naturalidad:

> «El hombre de bien se conforma con los resultados obtenidos,
> no se vale de ellos para imponerse por la fuerza.
> De sus resultados no se enorgullece,
> de sus resultados no se jacta,
> por sus resultados no se muestra altivo,
> por sus resultados no se muestra altanero.
> Eso es obtener resultados y ser fuerte».
>
> *TTC30*

Al aceptar la situación favorable con humildad, el taoísta sienta las bases para asumir el fracaso sin traumas. Reiteremos que el sustento de su actitud no es de orden moral, como sucede en el cristianismo, el budismo o la socialdemocracia, sino meramente práctico. En su postura no media doctrina alguna, sino únicamente percepción: tan nítida como la luna plateada en una noche clara, él distingue la semilla de la miseria en la abundancia:

> «La felicidad acompaña de cerca a la desgracia,
> la desgracia se esconde en la felicidad».
>
> *TTC58*

La historia de la infelicidad del poderoso es recurrente. La riqueza conlleva la arrogancia, y el miedo a la pérdida. La arrogancia conduce a la autocomplacencia, y esta a la falta de tensión y esfuerzo. A la luz de todo esto, cabe preguntarse si en Occidente, en estos últimos tiempos, no se han malgastado demasiados caudales en pompas vacías y proyectos estériles, desde unas ideas muy cuestionables de lo que es el bienestar, la educación o incluso la solidaridad.

¡Y qué decir del miedo a la pérdida! La extraordinaria inversión en protección en todos los órdenes, ¿no nos habrá hecho, al cabo, débiles, infelices y desconcertados, además de malos competidores? Una y otra vez, la vida se encarga de recordarnos que ese ideal de seguridad con que pretendemos blindar nuestras vidas no es más que un espejismo vacío: el mismo que se disolvió a los ojos de Sidharta Gautama al contemplar la vejez, la enfermedad y la muerte en su mítica excursión fuera de los muros de palacio.

Los viejos taoístas se burlaban ya de esa imposible seguridad ansiada por el opulento. Véase la reflexión del agudo *Zhuangzi*:

> «Para protegerse contra los ladrones que desvalijan arcas, y vacían bolsas, y descerrajan armarios, átase todo esto con recias cuerdas y se cierra con sólidos candados. Es lo que se acostumbra llamar inteligencia. Ahora bien, llega un ladrón grande, que carga con el armario, agarra el cofre bajo el brazo y se echa la

bolsa al hombro, y su único cuidado ahora no es sino que las cuerdas y candados no sean lo bastante fuertes. Con lo cual, lo que las gentes llaman inteligencia, ¿no será guardar para un ladrón grande?».

ZZ, Libro X

¿No es cierto que suena contemporáneo? En la opulencia tampoco fuimos tan felices. Además, vivíamos estresados, temiendo no satisfacer todas las exigencias que nos imponían y nos imponíamos. Contemplando el conjunto, advertimos que el miedo condiciona todas las situaciones, llevándonos a desaprovechar las oportunidades que cada una de ellas ofrece.

La perspectiva panorámica del yinshi ayuda a contrarrestar esos miedos, y reconforta particularmente, como es natural, en tiempos de crisis. Ahora mismo, estamos temerosos porque el fenómeno de la globalización torpedeó las viejas estructuras, y no sabemos cómo saldremos de esta. Desde el mirador panorámico taoísta, en cambio, podemos permitirnos relativizar la situación, pues percibimos que toda crisis estuvo igualmente desatada por un factor novedoso y desconcertante, y percibimos también, y esto es lo sustancial, que este factor actua solo en la superficie del proceso, mientras que el ciclo profundo se repite siempre. Dicho de otro modo: la globalización es algo nuevo, pero nuestro sentimiento de incertidumbre coincide exactamente con el de los chinos de hace dos milenios y medio.

* * *

Igual correspondencia se da con el resto de fases del ciclo: tras el estallido Yin de la crisis, lo primero es una gran reticencia a aceptar la situación negativa, es decir, el colapso del orden en que tan cómodamente se vivía; luego, el esfuerzo por resolver el problema, que es el tramo más creativo e interesante del ciclo, aunque en la circunstancia actual no lo sintamos así; finalmente, la consecución del triunfo, o llegada a la cima Yang. A partir de ahí, se inicia un lento proceso de deterioro, causado por la relajación y el abandono. Este deterioro, que va empapando lentamente el cuerpo social, es la gasolina a la espera de la cerilla, que no es sino el factor novedoso de turno: la debilidad de los reyes Zhou, la llegada de los bárbaros del norte, la aparición de internet.

A la vista del conjunto, no resulta difícil comprender la reflexión del sabio oculto:

> «Siempre que los hombres emprenden un asunto,
> fracasan cuando lo culminan.
> De ahí el dicho:
> sé tan prudente al final como al principio,
> y no fracasarás en tu empresa».
>
> *TTC64*

Fugacidad

Cuenta una historia taoísta que cierto día un malabarista se presentó ante el rey, y que este, impresionado por sus asombrosas habilidades, le gratificó generosamente. Poco tiempo después, otro malabarista, habiendo oído hablar del espléndido trato del rey para con su colega, se presentó en palacio; pero el rey, que había perdido la capacidad de sorpresa, y que temía que el palacio se viera invadido por un desfile de saltimbanquis y buhoneros, mandó que le encarcelaran.

Así ilustra el yinshi la idea de que a cada acción corresponde su momento: ya no se trata únicamente de considerar el qué, sino también el cuándo. Y, yendo más allá, el cómo, el dónde, el porqué, el con quién, etc. ¿Cómo vamos a exigir las mismas condiciones de vida en la crisis que en la opulencia, en el mundo globalizado actual que en el mundo compartimentado que fue?

El *Liezi* ofrece una magnífica cita al respecto:

> «En el mundo no hay un principio eternamente verdadero ni acción que siempre sea mala. Lo que antes era válido, hoy ya no sirve; lo que hoy desechamos, tal vez mañana será de utilidad. No existe regla fija que determine este principio de la utilidad o inutilidad de las cosas. Aprovechar la ocasión, encontrar el momento oportuno, adaptarse a los acontecimientos, no hay receta para esto, es algo que corresponde a la inteligencia de cada uno».
>
> *LZ, Libro de Shuo Fu*

El taoísta mantiene una persistente conciencia de fugacidad. El sentimiento de lo efímero, de hecho, constituye la piedra angular de su visión del mundo.

En cada instante se reúnen variables tan múltiples e irrepetibles, y el conjunto es tan complejo e imprevisible que resulta inclasificable. La percepción taoísta, recordemos que no nacida del estudio, sino de la paciente observación de los procesos interiores y exteriores a uno mismo, y proporciona la intuición adecuada para saber lo que conviene en cada caso.

Desde esa conciencia de fugacidad, el taoísta aprecia el instante. La vida es una sinfonía, donde cada movimiento tiene su lugar y su tiempo: el alegro, el andante, el largo melancólico, el solo vibrante. Conviene disfrutar de cada uno de ellos, porque los compases que terminaron ya no se repetirán; nos quedará, eso sí, la sensación de armonía interior, que nos permitirá afrontar con relajada atención los futuros movimientos de la obra.

> «La vida de los seres es cual galope de veloz corcel, que cambia con cada movimiento y a cada instante se desplaza».
>
> *ZZ, Libro XVII*

Una percepción opuesta a la occidental

Los antiguos filósofos griegos, contemporáneos de aquellos primeros confucionistas y taoístas, propusieron a menudo filosofías no tan diferentes a las chinas. La famosa teoría del devenir de Heráclito, según la cual no era posible bañarse dos veces en el mismo río, sería perfectamente asumida por los chinos. La actitud vital de alguien como Diógenes de Sinope, el cínico del barril que pidió a Alejandro Magno que se retirase del sol cuando este le concedió una gracia, se asemeja mucho a la del yinshi taoísta.

Con el establecimiento del cristianismo como religión imperial, sin embargo, las cosas cambiaron sustancialmente. Las diversas tradiciones de la Antigüedad quedaron arrinconadas ante la Iglesia, que se erigió como una sólida y jerarquizada organización, a semejanza de la estructura imperial, con un soporte doctrinal refinado a través de los sucesivos concilios y textos de sus doctores.

Con la alianza entre los dos poderes absolutistas, el político y el religioso, el Bien y el Mal quedaban nítidamente definidos en todos los campos. Se ofrecían bien delimitados los escenarios de este mundo y del otro, y las leyes que en ellos regían, y el lugar de cada persona con sus obligaciones correspondientes, y los premios y castigos que su conducta podía merecerles. Más profundamente, todo ello dotó a nuestra civilización de la conciencia profunda de pertenecer a un sistema cerrado, perfectamente explicable en todos los niveles.

Dos milenios después, ya sin absolutismos políticos ni religiosos, esa conciencia profunda persiste aún en nosotros. Crecemos sintiendo que controlamos los límites del terreno de juego y los mecanismos que ahí rigen. No se nos ocurre otra posibilidad. Y esa convicción ciega resulta capital, pues sustenta la seguridad con que nos movemos por el mundo. Esa seguridad, poco amiga de aceptar ambigüedades, ha sido un factor clave en el espectacular avance de nuestra civilización por la calle del progreso. Rectifico: no del progreso, que es un concepto muy discutible, sino de la tecnología, de la cual, eso sí, ha derivado un nivel de bienestar económico y social sin igual entre las civilizaciones del planeta.

Sin embargo, esa misma rigidez nos aboca a grandes incomodidades en otras áreas de la existencia. ¡Ay, las emociones! Ese deseo sexual, que nos arrastra allí donde toda certeza parece resquebrajarse, y la línea que separa el Bien y el Mal ya no parece tan nítida. Esos sentimientos, tan volátiles e inexplicables: ¿cómo manejar el amor y el odio, la euforia y la depresión? ¿Y qué decir de la caprichosa enfermedad? ¿Por qué a ese amigo tan majo, que lleva una vida honesta y saludable, le ha tocado en suerte un cáncer, precisamente a él? Por no hablar de nuestra relación con la muerte: solo hay que entrar en un tanatorio y observar la consternación de la gente ante la cara de cera del amigo muerto, y su alivio al abandonar el espacio fúnebre y reencontrarse con la vida ordinaria.

En China, en cambio, la muerte siempre ha estado presente en la vida. La frontera entre una y otra es difusa. Los múltiples mundos coexisten. El chino vive permanentemente rodeado de espíritus, herencia chamanista jamás rechazada. La relación de una persona con su antepasado es tan natural como la relación entre un padre y su hijo. Más que de afecto, se trata de recíprocas obligaciones: la persona viva cumple con las ofrendas pertinentes para asegurar el bienestar del muerto en el otro mundo, y aquel, a cambio, intercede por su descenciente ante las instancias correspondientes en el complejo universo de ultratumba.

Para el chino, la muerte no es sino una mutación más. El concepto de mutación permanente es fundamental desde épocas remotas. Observemos la reflexión del sabio Yu Xiong, que vivió hace más de tres mil años y fue maestro del rey Wen, mítico redactor del *I Ching*:

> «En ningun caso la energía vital se agota de repente, ni la forma desaparece en un instante. Por eso no podemos ver con claridad cómo desaparecen. Es lo mismo que el hombre. Desde que nace hasta la vejez no hay día que no cambie de aspecto exterior, ideas y actitudes. Piel, uñas y cabellos se renuevan constantemente. Nadie permanece inmutable en la época de infancia. Pero los cambios son imprescindibles. Solo se descubre cuando ya se han cumplido».
>
> *LZ, Libro de Tian Rui*

Extremando el argumento, podemos afirmar que, al referir hechos del pasado en primera persona, mentimos sistemáticamente:

–*Yo* estuve en Afganistán hace cuarenta años –dice alguien en una reunión.

–Imposible –replica el taoísta.

–¿Cómo? ¡Ahí tienes las fotos! –reacciona, soliviantado, el viajero.

–Ese no eres *tú* –zanja el taoísta, imperturbable.

Un biólogo especializado presente en la conversación aclararía al viajero que la inmensa mayoría de células de su cuerpo actual *nunca* estuvieron allí: son progenie y sustitutas de las anteriores, que ya murieron. No se trata, pues, de una elucubración ingeniosa, sino de la pura realidad: la persona física que nos habla no estuvo en Afganistán.

–¡Pero yo mantengo un vínculo físico esencial con esa persona! –protesta el viajero.

–Claro que sí –admite el taoísta–, pero puestos a aceptar vínculos de progenie, ¿por qué no aceptar los que tienes con tu madre? Si fuiste parte de su cuerpo físico, es decir, si tú eras ella, ¿por qué no aceptar que ella estuvo en Afganistán? Y aún más, ¿por qué no aceptar que tu hijo ha estado en todos los lugares donde tú estuviste, teniendo en cuenta que el espermatozoide decisivo se fraguó en ti?

Aunque pueda parecer rebuscado el ejemplo, ilustra perfectamente la diferencia de percepción entre el occidental y el chino. El primero se aferrará al *yo* estuve en Afganistán: yo soy yo, a los veinte años y a los sesenta, y no hay más que discutir. El occidental necesita una realidad sólida.

El chino, en cambio, y no únicamente el taoísta, reaccionará con indiferencia por lo que ocurriera hace cuarenta años, puesto que ya pasó. El pretérito es un tiempo que ya se esfumó, y no merece la pena darle más vueltas. La realidad del chino es gaseosa.

El chino no pretende controlar los fenómenos cósmicos. Le parece imposible, dada su magnitud. El occidental, en cambio, ha convertido esa intención en piedra angular. Eso sí, ha creado un hermoso cajón de sastre denominado azar donde va depositando todos aquellos fenómenos que no acierta a comprender. Al chino, en cambio, el concepto de azar le resulta totalmente ajeno. Volveremos sobre esta interesante cuestión en el apartado dedicado al *I Ching*.

La muerte como regreso

Existen innumerables referencias sobre la muerte en los textos de los yinshi, ya que la muerte es, en realidad, la que nos hace comprender la vida.

En una famosa historia, una persona visita a Zhuangzi para presentarle sus condolencias por la muerte de su esposa, y lo encuentra cantando al tiempo que golpeaba rítmicamente una jofaina. El visitante, que esperaba ver al taoísta llorando, se queda desconcertado, incluso escandalizado.

Esta historia, que con diferentes protagonistas se repite en los textos que tratamos, ilustra a la perfección la filosofía del sabio oculto. Para él, la muerte es solo un eslabón más en un proceso de mutación permanente, y debe ser acogida con la misma naturalidad que el nacimiento:

> «La Tierra me ha proveído de un cuerpo, y fatigado con la vida; me ha liberado con la vejez, y con la muerte me dará reposo. Así pues, bienvenida sea la vida, y por lo mismo también la muerte sea bienvenida».
>
> *ZZ, Libro IV*

El yinshi, además, no concede importancia alguna al destino de su cadáver, subrayando el papel fugaz del envoltorio temporal. Así, el Zhuangzi moribundo rechaza las exequias propuestas por sus discípulos, y sugiere que le abandonen en cualquier lado, sin más, pues qué mejor ataúd que el Cielo y la Tierra. Al manifestarle los discípulos su temor por que fuera devorado por cuervos y aves de rapiña, el taoísta replica:

> «Arriba devorado por los cuervos y los milanos, abajo por los cortones y las hormigas; queréis quitárselo a unos para dárselo a los otros, ¿por qué sois tan poco ecuánimes?»
>
> *ZZ, Libro XXXII*

Con respecto a su alma, o espíritu, o como escojamos llamar al yo intangible, el yinshi muestra igual desapego que para con su cuerpo físico. Habitante del instante hasta las últimas consecuencias, no le preocupa lo que pueda acaecer en el más allá: ¿para qué preocuparse si no hay modo de saberlo? Véase la reflexión de Yangzhu, surgida del más puro y práctico realismo:

> «Los seres se distinguen mientras viven; cuando mueren son todos iguales. En vida los hay sabios, tontos, nobles y plebeyos; en eso se diferencian. Muertos, sobreviene la putrefacción, la descomposición, se disgregan y desaparecen; en eso se identifican [...]. Siendo iguales todos los huesos carcomidos, ¿cómo se podrían distinguir los unos de los otros? Disfrutemos, pues, de la vida presente. ¿Para qué perder el tiempo con el más allá?»
>
> *LZ, Libro de Yangzhu*

La actitud ante la muerte del yinshi explica su actitud ante la vida, y pone de manifiesto la enorme distancia que le separa del resto de sus contemporáneos; mas no únicamente de ellos, sino también de la inmensa mayoría de tradiciones religiosas del mundo, incluyendo las que aún estaban por inventarse. Como se sabe, lo habitual en toda sociedad humana es otorgar una máxima importancia al acto funerario, y saludarlo con los más solemnes ceremoniales del catálogo.

Obligado por su soledad filosófica, el yinshi dedica una gran atención a la cuestión de la muerte: ¿por qué nos mostramos tan preocupados y temerosos?, se pregunta reiteradamente en los textos; ¿por qué nos negamos a admitir la desaparición de nuestro yo individual e ideamos grandes teorías, nunca demostradas, sobre la pervivencia en el más allá?

¿Y por qué, podemos añadir, nos cuesta tanto asumir que el país que amamos es provisional, y la tradición que nos amamantó, y la lengua que hablamos, si la historia registra la defunción inexorable de todo lo que vivió, incluidos los más poderosos de entre los hombres, los dioses y los imperios? ¡Si incluso la Tierra y el Sol tienen los días contados! Según dicen los científicos, de este minúsculo sistema solar en que vivimos, y que nació hace *solo* 4 500 millones de años, no quedará más que una vaga nebulosa planetaria dentro de otros 7 500 millones. ¿Cómo podemos, entonces, hablar de eternidad?

¿No es más razonable la propuesta del yinshi? Aceptar la fugacidad, la finitud de las cosas del mundo, la imposibilidad de conocer el más allá. Veamos la reflexión del centenario Lin Lei, el cual mantenía, aun con la muerte al acecho, una alegría que sorprendía a propios y extraños:

> «Muerte y vida son como ir y venir, así que ¿cómo voy a saber que el morir aquí no es nacer en otra parte? ¿Cómo voy a saber que vida y muerte no son lo mismo? ¿Cómo voy a saber que el esforzarse por vivir no es un gran extravío? ¿Cómo saber que mi muerte de hoy no es mejor que mi vida anterior?»
>
> *LZ, Libro de Tian Rui*

En la historia de la mariposa, una de las más conocidas del *Zhuangzi*, el taoísta va un poco más allá, y especula con la naturaleza de la realidad:

> «Una noche, Zhuang Zhou soñó que era una mariposa: una mariposa que revoloteaba, que iba de un lugar a otro contenta consigo misma, ignorante de ser Zhou. Despertóse a deshora y vio, asombrado, que era Zhou. Mas, ¿Zhou había soñado que era una mariposa? ¿O era una mariposa la que estaba soñando que era Zhou? Entre Zhou y la mariposa había una diferencia. A esto llaman "mutación de las cosas».
>
> *ZZ, Libro II*

Parecida reflexión se propone en la siguiente historia, recogida en el *Liezi* y destacable por su belleza poética:

> «En el extremo sudoeste se extiende un país cuyo territorio se extiende hasta no se sabe dónde. Se llama Gu mang. En él no existe la interacción del Yin y el Yang, ni existe el frío y el calor. No está iluminado ni por la luz del sol ni por la luna. Así que allí no se distinguen el día de la noche. Sus habitantes ni comen ni se visten, pues pasan la mayor parte del tiempo durmiendo: solo se despiertan una vez cada cincuenta días. Tienen por verdadero lo que sueñan, y por falso lo que ven cuando estan despiertos».
>
> *LZ, Libro de Zhou Mu Wang*

Sueño y vigilia. Muerte y vida. Para unos, la muerte es una terrible pérdida, e inventan todo lo necesario sobre la vida de ultratumba para convencerse de que jamás perecerán. Para el taoísta, en cambio, esta vida nuestra es solo una de las mutaciones posibles, siendo el nacimiento y la muerte, sencillamente, puertas de acceso:

«Salir es nacer
entrar es morir».
TTC50

¿No será la muerte, después de todo, un reconfortante regreso?

Esa falacia de la igualdad que nos pierde

Elementos orgánicos

Tras conocer los conceptos de dualismo y de transformación constante, llegamos a la idea esencial: somos elementos orgánicos, es decir, parte de un cuerpo vivo, de un sistema en movimiento.

Todo organismo está formado por elementos distintos, cada uno con su utilidad particular. Así enfatiza Zhuangzi esta idea:

> «Cien huesos, nueve orificios y seis vísceras componen el cuerpo del hombre. ¿Por cuál de ellos se siente mayor afición?»
>
> *ZZ, Libro II*

Según los taoístas, esa lógica es aplicable al universo entero.

Diversidad

Detengámonos ahora un momento y miremos alrededor. La más elemental observación evidencia que los seres vivos ofrecemos una diversidad infinita. La combinación de biología, cultura y experiencia personal convierte a cada uno de nosotros en un ser irrepetible y, en consecuencia, propietario de una percepción diferenciada del mundo.

> «Un corto entendimiento no se puede comparar con un gran entendimiento, ni un ser de corta vida con otro de prolongada existencia. ¿Cómo sabemos que es así? Un insecto que nace por la mañana y ya esa misma tarde muere no sabe lo que es una luna; la cigarra, que no vive más de dos estaciones, ignora lo que es un año».
>
> *ZZ, Libro I*

Siguiendo al maestro, podemos aceptar que la mujer y el hombre no perciben la vida del mismo modo, debido a su distinta cualidad genérica. Que la abuela cansada, nacida el siglo pasado, no contempla la misma realidad que su nieta rebosante de energía. Que el chihuahua faldero, enfundado en su cálido jersey de lana, no siente las mismas prioridades que el perro callejero obligado a batallar por cada bocado.

Resulta un fascinante ejercicio de contemplación el atender a toda esa diversidad. ¿Cómo ve el mundo esa abuela, con una guerra y una patética postguerra a sus espaldas, ajena al móvil y al internet, y cuyos achaques se incrementan a diario? ¿Cómo, la nieta, crecida entre algodones y pasteles, para quien las nuevas tecnologías son algo tan natural como el caminar, y que a sus once años ya visitó más países que la abuela?¿Cómo, ese director general en Silicon Valley, presionado por la necesidad de reinventarse a cada minuto y con el corazón atrapado por los números de Wall St? ¿Cómo, el arrocero chino, atemorizado ante los enormes cambios que día tras día experimenta su país? ¿Cómo, el vagabundo borracho que habla consigo mismo en la oscuridad de un portal de Nueva York? ¿Cómo, la mujer afgana que se siente incómoda por la calle sin el burka? ¿Cómo, el indígena de la Rondonia brasileña, pescador y cazador en la jungla amazónica? ¿Cómo, la mujer zambiana sin recursos a quien acaban de diagnosticarle el SIDA?

Las culturas del Indostán y el Extremo Oriente se construyen sobre el hecho de la diversidad. Nadie la discute. Desde esa perspectiva, se comprende la solidez histórica del sistema de castas hindú, basado en el nacimiento, y de las jerarquías confucianas, alcanzadas por mérito, así como la naturalidad con que la fortuna desigual es aceptada en los pueblos animistas.

Occidente, sin embargo, ha desarrollado su cultura sobre ideales igualitarios. Ya algunos de los antiguos filósofos griegos apuntaron deseos en este sentido; luego llegó el cristianismo con aquello de *todos somos hijos de Dios*, y más tarde el islam;

más recientemente, regímenes políticos modernos como el comunismo o la democracia parlamentaria han incidido sobre el mismo valor, cada uno a su manera.

Aceptado algo tan incontestable como la no discriminación de las personas por razón de sexo-origen-raza-religión-orientación sexual-etcétera, se aprecia, sin embargo, un uso tan simplificado de la filosofía igualitarista, mitad por interés, mitad por desidia, que puede acabarnos confundiendo y convertirnos, paradójicamente, en mentalidades totalitarias. No parece razonable, por ejemplo, brindar la misma consideración al obrero honrado y al haragán, al estudiante brillante y al incapaz, al empresario justo y al tiránico, al marido cariñoso y al desabrido, a la persona pacífica y a la violenta. Igualar lo que no es igual, ¿no es acaso una injusticia? ¿No es ello perjuicio del noble en beneficio del desaprensivo?

El concepto de igualitarismo es, como mínimo, confuso. El hecho objetivo es que el cristianismo ha intentado imponer su igualitarismo particular durante siglos, por métodos no siempre razonables, a gentes amamantadas en percepciones del mundo totalmente ajenas a él. Lo mismo ha sucedido con el islam, *todos somos hijos de Alá*, y con el comunismo, *todos somos camaradas*. Y, por qué no admitirlo, con el paquete democracia-liberalismo, la ideología políticamente correcta del presente, *un hombre-un voto*. Cabría preguntarse si la señora afgana que se siente cómoda en su burka está interesada en este formato, especialmente si se le impone a bombazos. En el momento de escribir este texto, el Occidente igualitario se halla envuelto en dos guerras (Iraq y Afganistán) fuera de su ámbito geográfico y cultural, con el objetivo de implantar la democracia y los derechos humanos. ¿No es ello un contrasentido?

¿Tan difícil es aceptar que unos a otros nos parecemos tanto como el hígado al pulmón y como el pulmón al corazón?

Interdependencia y sistema

Aceptada la diversidad, el paso siguiente consiste en considerar las relaciones entre los elementos singulares. Un poco más de observación nos revela que ningún elemento tiene sentido individualmente, sino como parte integrante de un sistema. La mariposa forma parte de un sistema, el iceberg forma parte de un sistema, la estrella forma parte de un sistema, el átomo de polonio 212, cuya existencia perdura una millonésima de segundo, forma parte de un sistema.

Y el hombre, naturalmente. Es más, si acercamos la lupa para observar de forma más minuciosa ese elemento tan especial, nos percatamos de que no solo participa en uno, sino en múltiples sistemas a la vez: la familia, la empresa, el grupo social, el país, la comunidad religiosa, etc.

El análisis se complica, pues ese individuo se ve modificado constantemente por todos los elementos con quienes interactúa. En un día determinado, pongamos por caso, el oficinista Ernesto se verá afectado por la felicidad de su compañero de trabajo a raíz de las buenas notas de su hijo, la derrota de su equipo de fútbol, la temperatura primaveral y el retraso del tren. El producto final arroja un Ernesto diferente del que hubiera resultado si su compañero de trabajo estuviera preocupado por una gamberrada del hijo, su equipo de fútbol hubiera goleado al rival, lloviera a cántaros y el tren hubiera llegado puntual. Estas dos posibilidades de Ernesto modificarán de modo diferente, según el caso, a su esposa, al compañero de *paddle* y al camarero que le sirve una cerveza en el bar, los cuales, a su vez, incidirán de modo diferente en los diversos elementos con que tenga contacto, y así sucesivamente. El resultado final es que el humor del compañero de trabajo del oficinista Ernesto, el resultado obtenido por su equipo de fútbol, la temperatura del día o la puntualidad del tren acaban modificando elementos insospechadamente alejados de su vida.

En cada instante de nuestra vida convergen millones de incidencias, menores y mayores, que nos modifican. Si proyectamos esta idea a su máxima expresión, llegamos al concepto taoísta de un único sistema totalmente interrelacionado. Lo que de entrada podían parecer obviedades indignas de atención, pues, acaba desembocando en un panorama de una complejidad abrumadora. Así perciben el mundo los filósofos taoístas: una realidad caleidoscópica, única e irrepetible en cada instante, que incluye infinitos sistemas dinámicos, continuamente modificados entre sí, entrelazados en los espacios y los tiempos, y ante la que cualquier análisis racional supone una derrota anticipada.

Así lo asume Yu Xiong, según se recoge en el *Liezi*:

> «El movimiento de los ciclos nunca cesa; ¿quién podría descubrir las mutaciones escondidas del cielo y la tierra? Disminuyen las cosas de una parte y, al mismo tiempo, aumentan por otro lado. Se desarrollan aquí, y allí se debilitan. Disminuyen, aumentan, se desarrollan, languidecen, siguiendo el ciclo de la vida y la muerte. Es un ir y venir ligado sin interrupción».
>
> *LZ, Libro de Tian Rui*

Así era hace dos milenios y medio, y así sigue siendo hoy en día: ¿no es cierto que la reflexión de Yu Xiong encaja perfectamente en la situación económica del momento? Disminuye la abundancia en Occidente y Japón, que han gozado de ella durante largo tiempo, y aumenta en China y otras economías emergentes, que han venido careciendo de la misma.

¿Por qué entonces, en las regiones decadentes, nos obstinamos en etiquetar la situación de crisis económica *mundial*? El solo uso de esa etiqueta delata la estrechez de nuestra percepción. En China se tronchan de risa cuando nos escuchan decir que estamos en *un mundo* en crisis:

–¡Oiga, que nosotros crecemos un diez por ciento anual, y estamos mejor que nunca!

La falta de visión panorámica nos impidió ver que con la

entrada de todos esos países en el mercado global menguaría nuestra riqueza, por una cuestión aritmética que cualquier párvulo comprendería; y aun hoy, tras años de dura evidencia, amplificada además por un catastrofismo mediático, nos obstinamos en actuar como si los parámetros fueran los mismos que hace treinta o cuarenta años, cuando los países capitalistas vivíamos en Jauja porque disfrutábamos de abundantes materias primas a bajo precio y manufacturábamos sin apenas competencia.

Deberíamos preguntarnos por qué insistimos en mantener una idea tan estática de las cosas, y tan contraria a la lógica más elemental.

* * *

Los sabios ocultos de la época de la gran crisis optaron por el retiro y la contemplación, dedicándose a cultivar la intuición, es decir, la sabiduría. En el taoísmo posterior, sin embargo, abundantes magos y eruditos se ocuparon en el estudio y la codificación de sistemas. También los budistas y los confucionistas, en permanente contacto, se interesaron por estas mismas líneas de estudio. Aunque este texto versa sobre el taoísmo filosófico, me permitiré aquí una pequeña digresión sobre las mencionadas vías, entendiendo que puede ser útil para la comprensión de lo que nos ocupa.

¡Sistema, sistema, sistema! El objetivo de esos estudiosos

consistía en comprender los mecanismos de los sistemas, y definir sus correspondencias. Así, los viejos alquimistas postularon que el cuerpo humano es el reflejo del universo, y a partir de esta teoría dibujaron diagramas ilustrando las correlaciones, organizaron calendarios y prescribieron principios de alimentación y ejercicios de meditación para el adecuado funcionamiento físico y mental del ser humano.

También la medicina tradicional china se ha desarrollado sobre la misma base. Que los médicos puedan leer el estado de salud del paciente en la planta del pie, el iris, la lengua o la oreja se basa en la teoría de que cada una de esas partes refleja el cuerpo entero. En una prolongación razonable del concepto, el alquimista concluiría que puede leerse el estado del universo en cualquiera de las partes. Otras disciplinas como el feng-shui, el taichi o el qikong, tan respetadas hoy en día por todo el mundo, se desarrollan sobre estos mismos fundamentos.

Una de las herramientas más utilizadas por los estudiosos y practicantes chinos de las mencionadas disciplinas es el patrón de las Cinco Fases, que se aplica para medir sistemas, del mismo modo, pongamos, que el metro se aplica para medir longitudes. Las Cinco Fases son: madera-fuego-tierra-metal-agua. Esta ordenación concreta se denomina *secuencia generadora*, porque cada fase engendra la siguiente. Existen otras secuencias, que por ahora dejaremos de lado.

Cada fase lleva asociadas diferentes series de elementos. Por ejemplo, las estaciones correspondientes a la secuencia generadora son primavera-verano-verano tardío-otoño-invierno. Sorprenderá, en primera instancia, el encaje de las cuatro estaciones en las cinco fases, y alguno puede incluso pensar en una maniobra tramposa.

Si nos detenemos un momento a considerar esta cuestión, sin embargo, advertiremos que es precisamente esa flexibilidad la nos lleva a no confundir el dedo con la luna: lo importante aquí no es el número de estaciones o de fases, sino el mismo concepto de ciclo dinámico. No el patrón, sino el sistema.

Los granos correspondientes a las fases, respetando siempre el orden de la misma secuencia, son trigo-alubia-arroz-cáñamo-mijo; los animales domésticos, oveja-pollo-vaca-perro-cerdo; las formas, rectángulo-triángulo-cuadrado-círculo-curva; los colores, verde-rojo-amarillo-blanco-negro; las cualidades, sensibilidad-creatividad-claridad-intuición-espontaneidad; las emociones, ira-felicidad-amor-tristeza-miedo; los sentidos, vista-lengua-boca-nariz-oreja, y los fluidos, lágrimas-sudor-saliva-mucosa-orina.

Existen infinidad de series asociadas: puntos cardinales, notas musicales, partes del día, estadios de la vida, sabores, olores, frutas, criaturas divinas, etc. Sin temor a equivocarse, puede decirse que hay una serie para cada aspecto de la vida.

El patrón de las Cinco Fases ordena las relaciones de un elemento con el resto. Así, considerando que la serie de órganos Yin correspondiente a la secuencia generadora es hígado-corazón-bazo-pulmón-riñón, podemos interpretar que, igual que una madera deficiente genera un mal fuego, un hígado deficiente perjudica directamente al corazón por no proveerle de las condiciones necesarias, en segunda instancia al bazo, etc. El funcionamiento de cada una de las vísceras, pues, afecta a todas las otras, en mayor o menor grado.

Ya se dijo que existen otras secuencias, es decir, otros modos de relación entre los cinco elementos. Nos limitaremos a mencionar brevemente otra de ellas, también muy utilizada, que se conoce como *controladora*: madera-tierra-agua-fuego-metal. Si la anterior secuencia se construyó en base a la provisión, esta se diseñó en base al control. Así, el agua controla el fuego, pero una cantidad excesiva puede llegar a apagarlo. Del mismo modo, y teniendo en cuenta que la secuencia correspondiente de órganos Yin sería hígado-bazo-riñón-corazón-pulmón, podemos interpretar que una sobrecarga excesiva de trabajo en el riñón inhibe la mecánica del corazón, o que un corazón excitado afecta a la respiración.

El médico, además, contemplaría las relaciones de esos órganos Yin con los órganos Yang, que constituyen una serie totalmente diferente. Y, naturalmente, con el resto de elementos de la vida: el hígado no es el mismo por la mañana que por la noche, en primavera o en otoño, en un hombre o una mujer.

El conjunto de relaciones acaba resultando de una complejidad abrumadora y fascinante al mismo tiempo, por lo cual es campo de investigación permanente. Nuestro objetivo, sin embargo, era únicamente ilustrar el concepto de sistema e interdependencia, tan fundamental en el taoísmo filosófico y en la cultura china en general, y ponemos aquí punto final a la disgresión.

La percepción del Uno

La idea de infinitos sistemas interactivos entrelazados desemboca de modo natural en el concepto final de un único sistema que lo comprende todo, y donde todos los elementos se influencian entre sí.

Y de regreso a un orden primordial. Todos los seres, como manifestaciones efímeras surgidas de ese Todo, no son más que burbujas del gran caldo cósmico.

Las ideas de unidad cósmica y regreso a un orden primordial son recurrentes en la mayoría de religiones, aunque luego, en el despliegue doctrinal, unas ponen más énfasis que otras. El propio cristianismo propone un principio en las tinieblas, y postula el regreso a un Dios que lo contiene todo. El largo peregrinaje de hinduistas y budistas hacia el moksha y el nirvana, respectivamente, supone asimismo ese regreso a la unidad. Incluso la física moderna especula con esa negrura informe inicial, previa al *big bang* generador de las diversas y efímeras manifestaciones de vida.

Así lo expone Zhuangzi:

«Una hierbecilla y un gran árbol, una mujer sarnosa y una mujer bella, así como hay de raro y de asombroso, todo en el Tao se hace Uno. Divídese la Unidad y toman forma los seres, y al tiempo se destruyen. Mas ninguna cosa se forma ni se destruye, que todas retornan a la originaria unidad».

ZZ, Libro II

Ante esta realidad, pues, ¿cuál es la postura del yinshi?

Renunciando a la vía de la razón del erudito y a la vía esotérica del alquimista, por insuficientes, el sabio escondido busca percibir el latido del universo desde la completa desnudez. En términos freudianos, diríamos que por la vía de la desaparición del ego. Para adquirir esa desnudez, el fundamento básico es la humildad:

«El sabio nunca realiza cosas grandes
y así es como puede llevar a cabo grandes cosas».

TTC63

Mediante la práctica contemplativa, el yinshi va asimilando lo que Zhuanzi denomina las «conexiones profundas entre las cosas del mundo», y desarrollando la intuición necesaria para saber cómo actuar en cada momento: en qué circunstancia actuar o quedarse quieto, hablar o callar, acercarse o alejarse. Es lo que, en definitiva, se conoce como el camino del Tao:

«El sabio conoce las conexiones profundas entre las cosas del mundo y reúne en la unidad a todos los seres del universo, mas sin saber cómo ni por qué: es manifestacion de su naturaleza. Sus actos son un retorno a su ser original, y toma al Cielo por supremo maestro».

ZZ, Libro XXV

Huraño como pueda parecer, escondido a los ojos del mundo, el yinshi abomina de la idea de separación. No existen elementos aislados. Incluso el criminal más sanguinario es parte del sistema, y está perfectamente conectado con el resto.

La conciencia de unidad resulta imprescindible para manejar de manera adecuada la vida práctica, pues nos dota de la perspectiva necesaria para comprender nuestra función, y la de los demás, en los diversos sistemas en que participamos. Desde ahí, marido y mujer, padre e hijo, maestro y pupilo saben que también son el otro. Desde ahí, las estrellas del equipo de fútbol y la banda de música saben que no son nadie sin sus compañeros y sin el público. Desde ahí, el presidente de empresa juicioso sabe que en su pedestal habitan el conserje, el auxiliar administrativo y el jefe de zona, así como la masa de clientes. Desde ahí, el gran general sabe que él no es posible sin sus soldados, y no solo eso, tampoco sin sus enemigos: Al Qaeda influye decisivamente en el devenir de Estados Unidos, igual que hizo la Unión Soviética durante la guerra fría, y viceversa.

No hay cúspide sin base. O, mejor dicho, la base es la cúspide, y la cúspide, la base. Comprendiendo la unidad de las cosas, la vida se desarrolla armónicamente:

> «En el Uno
> lo superior no es absurdo,
> lo inferior no es confuso».
>
> *TTC14*

Para el yinshi, pues, el cometido del ser humano no consiste en batallar contra sus semejantes, superiores o inferiores, sino en comprenderse a sí mismo. El presidente, la estrella y el general, como antes hizo el bello, contemplarán su propia arrogancia hasta verla disiparse. Los soldados, los empleados o los secundarios quizás tengan que vérselas con la frustración o la envidia, como en su momento hizo el feo.

Para el sabio oculto, esos son los verdaderos obstáculos. Los que surgen, en definitiva, del lado oscuro de la condición humana.

El *I Ching* o *Libro de los Cambios*

No hay mejor ejemplo que el *I Ching* para ilustrar el concepto de sistema complejo que se ha expuesto. El *I Ching* o *Libro de los Cambios* es uno de los grandes tratados de sabiduría del mundo. Es anterior a la época del taoísmo filosófico, pero siendo ambos productos crecidos en un mismo campo abonado, comparten fundamentos. No es arriesgado calificarlo como tratado taoísta antes del taoísmo, aunque también fue muy valorado por los confucionistas, que lo situaron entre "Los Cinco Clásicos".

El texto original es muy sucinto: unas pocas líneas dedicadas a cada uno de los sesenta y cuatro hexagramas. Es poético y oscuro, y en primera instancia su comprensión requiere ayuda. Como sucede en el caso del *Tao Te Ching*, es precisamente en esa brevedad, en esa exactitud poética que llega al alma incluso sin ser totalmente comprendida con la razón, donde reside su magnetismo.

Se desconocen los autores y fechas exactas de su producción, pero existe un cierto consenso en aceptar que se concretó en la época de los Zhou Occidentales, que gobernaron el país entre los siglos -XI y -VIII. La época de los Zhou Occidentales desemboca precisamente en el magnicidio del rey You, citado al inicio de esta obra, y en la subsiguiente crisis. Esa época sería idealizada por los filósofos posteriores como referencia del orden perfecto perdido. Por entonces, el texto se denominaba *Zhou I* o *Libro de los Cambios de los Zhou*; el nombre definitivo de *I Ching* le sería otorgado posteriormente por los eruditos de la dinastía Han, al incorporarlo a su colección de clásicos y añadirle sus comentarios.

Conviene ahora echar la vista atrás y explorar un poco ese

campo donde crecieron el *I Ching* y la filosofía de los sabios ocultos.

Las tribus y reinos de la antigua China mantenían unas creencias de tipo animista. Su concepción del mundo contemplaba un dualismo entre un Cielo poblado de dioses, antepasados y espíritus y una Tierra que creaba vida. El hombre se ubicaba entre ambos elementos, y tenía la función de armonizarlos, constituyendo así la tercera pata de la tríada clásica. El chamán, oficiante de ceremonias y viajero entre mundos, establecía las conexiones pertinentes. Las relaciones con los seres de ultratumba no eran de índole moral, sino comercial, como en cualquier otro animismo: los mortales presentaban ofrendas y sacrificios en los templos y a cambio recibían protección y consejo mediante los ritos de adivinación en los oráculos.

El *I Ching* nace en primera instancia de esas antiguas prácticas oraculares. En la época de los últimos Shang, dinastía inmediatamente anterior a los Zhou Occidentales, ocupaban un lugar central. El procedimiento era el siguiente: en una espátula de buey o en la sección inferior del caparazón de una tortuga, superficies ambas adecuadas por ser muy planas, se practicaban unos pequeños orificios. Con gran solemnidad, se lanzaba al aire una pregunta que requería respuesta afirmativa o negativa. El chamán aplicaba entonces el extremo de un hierro candente a cada uno de los orificios, lo cual producía grietas en la espátula o caparazón. Las grietas eran la respuesta del antepasado o dios correspondiente, que el chamán interpretaba de forma adecuada. Junto a ellas se inscribían a menudo notas sobre la cuestión, muy significativas para arqueólogos y lingüistas, ya que se trata de los carácteres chinos más antiguos que se conocen.

Los textos de ese primer *I Ching*, o *Zhou I*, no son sino una compilación de sabiduría antigua. Fuera cual fuera la mano que concretó la versión final, ordenada por hexagramas, lo cierto es que su contenido es el resultado de un largo proceso de destilación: miles de chamanes leyendo combinaciones de grietas, miles de filósofos proclamando sentencias, miles de receptores guardando la memoria de las mismas. Miles de palabras caídas por el camino, descartadas por el tiempo. Y, al final, un producto refinadísimo y dotado de una fuerza singular.

En el *I Ching*, se ofrecen dos sistemas interrelacionados. Por una parte, el Pakua: los ocho trigramas. Cada trigrama representa un elemento natural, una relación de parentesco, una estación del año, un punto cardinal, un rasgo de personalidad. Incluso la forma física que sugiere la imagen de las tres líneas es tenida en cuenta. El Pakua, que resulta muy manejable y fácil de recordar, mantiene una gran presencia física en la cultura china y oriental en general. En la bandera de Corea del Sur, por ejemplo, se exhibe el Taiji rodeado de cuatro trigramas. En la antigua bandera de Vietnam del Sur, el trigrama "Cielo" en rojo cruzaba un campo dorado. En el feng shui, por otra parte, el Pakua constituye una herramienta básica.

El segundo sistema comprende los sesenta y cuatro hexagramas, cada uno de los cuales está compuesto por la superposición de dos trigramas: ocho por ocho. No parece, sin embargo, que fueran primero los trigramas y luego los hexagramas, como la lógica invita a creer: el mundo de la adivinación por grietas se desarrolló con arcaica lentitud, creando una nebulosa de patrones parciales, y existe evidencia de que eran frecuentes los conjuntos de más de tres líneas. Este es uno de los misterios que persisten con respecto a la composición del libro, y que los científicos tratan de desentrañar.

El trabajo de ordenación y esquematización concretado en el *I Ching* es excepcional. A partir de una colección de hexagramas que cabe en una simple tabla, el intérprete dispone de un material ingente que le permite abordar cualquier tipo de situación con los matices necesarios y elaborar mapas particulares de relaciones y tendencias de una complejidad extraordinaria.

* * *

En el *I Ching* original, o *Zhou I*, cada uno de los sesenta y cuatro apartados consiste en los siguientes elementos:

– El hexagrama propiamente dicho.
– El número.
– El nombre.
– El nombre de los dos trigramas que lo componen.

– Un breve oráculo (también llamado juicio o dictamen) que explica el significado del hexagrama.
– Un comentario sobre cada una de las seis líneas, que habría sido añadido en una segunda fase; considérese, pues, la existencia de una primera versión que excluiría este elemento.

Observemos ahora un ejemplo de hexagrama:

12. P'i. (Bloqueados)

Cielo sobre Tierra.

ORÁCULO
Hay rebeldes. El hombre noble es incapaz de hacer nada. El oráculo dice que los grandes se van y los mediocres llegan.

LÍNEAS (se leen de abajo arriba)*

* En la mecánica del sistema de adivinación del *I Ching*, los diferentes tipos de línea corresponden a los siguientes números: 6 (yin viejo o mutante); 7 (yang

Primera línea (6): arranca las hierbas largas, y otras hierbas seguirán. El oráculo predice buena fortuna para quienes hagan la ofrenda.

Segunda línea (6): ofrenda de carne. Los tipos mediocres obtienen buena fortuna, pero el gran hombre detiene la mala ofrenda.

Tercera línea (6): porta la vergonzosa ofrenda.

Cuarta línea (9): es de sabios aceptar el destino. Divide la granja adecuadamente, y el pájaro de la felicidad acudirá.

Quinta línea (9): el gran hombre está tranquilo y reposado, aun cuando experimenta verdaderas dificultades. Esto es bueno. Corre y se esconde tras unas espesas moreras.

Sexta línea (9): se empezó con dificultad, pero ahora la dificultad se ha vencido y el resultado es bueno.

La versión escogida opta por mantenerse muy fiel al original trimilenario, de sabor chamánico, renunciando a adaptarse a la mentalidad del lector occidental. De este modo, podemos ad-

---

joven); 8 (yin joven); 9 (yang viejo o mutante). El análisis individual de las líneas se concentra únicamente en las mutantes, pues el resto se consideran puramente estructurales.

vertir lo difícil de su comprensión, y al mismo tiempo sentir su fuerza poética.

A lo largo de los siglos, multitud de eruditos chinos arrojarían sus consideraciones sobre este *I Ching* original, con sesgos muy variados dependiendo de la circunstancia. Los más famosos son las "Diez Alas", unos textos confucionistas, de valor irregular según los expertos, que se suelen servir en compañía del texto original.

Las traducciones a otras lenguas llegarían mucho más tarde. A finales del siglo XIX, el reverendo James Legge publicaría su traducción al inglés, primera en el ámbito occidental. Al igual que el *Tao Te Ching*, el *I Ching* resultaba muy difícil de traducir, no solo por el registro poético en sí, sino también por el significado ambiguo de los ideogramas. Los pioneros como James Legge o Charles de Harlez se tomarían una gran libertad en sus versiones para facilitar la comprensión. Siendo la mayoría misioneros, manejarían a menudo conceptos prestados del cristianismo. A mediados del siglo pasado, el alemán Richard Wilhelm, también misionero, siguió en la misma línea para concretar su versión, la más divulgada hasta el presente. En la segunda mitad del siglo XX, los enfoques de los traductores empezaron a diversificarse, y en la actualidad podemos disfrutar de una apreciable variedad de versiones, desde las más eruditas, cargadas de notas a pie de página, hasta las más libres y adaptadas al mundo actual, sin excluir aquellas que mantienen, como la presentada más arriba, una máxima fidelidad al desnudo original. Ni que decir tiene que con el fenómeno internet la oferta ha aumentado exponencialmente.

Para la mentalidad occidental, esta inmensa variedad puede resultar incómoda, desconcertante. ¿Cuál es la versión buena? ¿Cuál es la mejor? No hay respuesta simple a estas preguntas. La versión buena es la que conduce al lector al mayor grado de comprensión de la obra; y, teniendo en cuenta que jamás ha habido dos lectores iguales, la respuesta es necesariamente relativa. Hay que tener en cuenta, además, que la reelaboración de textos ha sido práctica corriente en la cultura china. Contrariamente a lo sucedido en el ámbito de otras religiones, ningún erudito fue acusado de herejía por manipular los textos clásicos. En China, lo práctico prima sobre lo sagrado, y el cambio es lo natural. Por la misma razón, se aceptan la aportaciones de las versiones contemporáneas.

Dejemos, pues, que cada cual escoja las versiones que más le convengan, fragüe la propia fórmula y, si así lo desea, añada su propio comentario al lote.

* * *

Lo que da valor universal al *I Ching*, y la razón por la que lo hemos traído a este capítulo, es la visión de conjunto. Recordemos: interdependencia y sistema. En la consulta del texto, pues, no solo atenderemos al hexagrama que nos ha tocado en suerte, sino a su relación con el resto.

Tomemos, por ejemplo, el hexagrama descrito más arriba. *Bloqueados* presenta una situación de estancamiento. Se trata de una coyuntura negativa en la que triunfan los mediocres, mientras que las personas nobles prefieren esconderse. El hexagrama se comprende mejor considerando que su anterior es *Benevolencia*, donde se disfruta de una situación muy positiva, lograda tras arduos esfuerzos. Con esa perspectiva, advertimos que *Bloqueados* no es sino la consecuencia del proceso de debilitamiento de una sociedad acomodada.

Veamos ahora qué sucede a continuación. El siguiente hexagrama se denomina *Aliados*. En él, el hombre noble ha podido reunir las suficientes complicidades para decidirse a emerger de las sombras e iniciar un nuevo proceso constructivo. Tras *Aliados* llegará *Abundancia*, es decir, una nueva situación positiva, y a continuación *Modestia*, donde la sociedad advierte que la cualidad que da título al hexagrama resulta imprescindible para mantener un sano bienestar.

Contemplando la breve secuencia, las enseñanzas que se pueden extraer son evidentes, e igual de oportunas que hace tres mil años: cuando alcances la gloria, no te acomodes; cuidado con los trepas y vividores, que en la abundancia brotan como champiñones; y, si de todos modos llega la crisis, no desesperes, pues con paciencia, honradez y esfuerzo se puede salir de la misma.

Hasta aquí nos hemos servido de la secuencia de un modo muy esquemático, considerando únicamente la variación lineal de los cuatro hexagramas. Para el experto en el *I Ching*, sin embargo, esto no es sino un primer esbozo. Sus conocimientos le permitirán ampliar la perspectiva con una secuencia más larga, que puede llegar a abrazar la serie completa de sesenta y cuatro. Atenderá también a los significados de cada una de las líneas, y a sus complejas interrelaciones. Y, naturalmente, comprobará si las líneas son fuertes o débiles, pues estas últimas, convirtiéndose en sus opuestos, nos conducirán a un nuevo hexagrama que deberá ser convenientemente analizado en relación con el primero.

El cometido del *I Ching* es dibujar un mapa lo más detallado posible de cada situación particular. Provisto de esta herramienta, el consultante elegirá la ruta vital que crea más conveniente. La sociedad aludida en nuestra serie de hexagramas, por ejemplo, una vez alcanzada la *Abundancia*, tendrá la opción de abandonarse al acomodo, regresando al *Bloqueados*, y convirtiendo así su trayectoria en un bucle eterno, o bien podría adoptar la *Modestia*, que le permitirá prolongar el bienestar y avanzar espiritualmente. La libertad pertenece por completo al consultante. Y la responsabilidad también, por supuesto.

Antes de concluir, merece la pena atender a los dos ultimos hexagramas, magníficamente significativos:

En el número sesenta y tres, penúltimo de la serie, encontramos: *Acabado*.

Sin embargo, en el siguiente, el número sesenta y cuatro, aparece... *¡Inacabado!*

Y, en la última línea de ese último oráculo, leemos, con cierta perplejidad:

Nada va bien.

* * *

Aunque aquí nos interesamos básicamente por la dimensión filosófica del *I Ching*, no podemos olvidar que se trata en primera instancia de un libro de adivinación. Teniendo en cuenta, además, que su uso como tal se encuentra muy extendido en nuestro mundo globalizado, como demuestra una simple búsqueda por internet, es obvio que la cuestión merece un comentario.

Señalemos, de entrada, que el concepto de fortuna está más vinculado de lo que parece a los planteamientos del taoísmo filosófico, pues ambos se fundamentan en una misma convicción: el cosmos es un sistema único compuesto por elementos interdependientes, y cualquier hecho acaecido no es sino el resultado de un entramado de interacciones en que participan todos, subrayemos todos, esos elementos; en consecuencia, resulta imposible comprender racionalmente el conjunto del sistema y, más en concreto, la posición del hombre en el mismo.

Llegados a este punto, los caminos del yinshi y la religión popular se separan. Mientras que el primero escoge vaciarse y cultivar la intuición, el pueblo, más interesado en gestionar lo material, se entrega a prácticas adivinatorias.

Cualquier práctica adivinatoria requiere un microsistema manejable que refleje el macrosistema inaprehensible. En el caso de la astrología, el Zodíaco; en el caso del Tarot, la baraja; en el caso del *I Ching*, los sesenta y cuatro hexagramas; etc. Y requiere también una herramienta que permita establecer correlaciones entre uno y otro: los detalles del nacimiento en el caso de la astrología; las cartas mezcladas libremente en el caso del Tarot; el manejo de los tallos de milenrama tradicionales o el lanzamiento de monedas al aire en el caso del *I Ching*.

Probablemente, cualquier mente racional aceptará que los diferentes microsistemas, elaborados pacientemente a lo largo de los tiempos, reflejan de manera bastante razonable el mundo de los humanos, con sus grandezas y sus miserias. La misma mente racional, sin embargo, cuestionará la herramienta: ¿por qué la posición de las estrellas al nacimiento de uno tiene que decretar su carácter? ¿Por qué una mezcla de cartas determinada, o sendos montones de tallos de milenrama, o la caída de las tres monedas se aceptan como diagnóstico de una situación?

El chino, en cambio, no abriga ninguna duda. Si acepta cualquier situación como producto de una compleja sucesión de interacciones que alcanza los confines del cosmos espacio-temporal, ¿por qué dudar del vínculo entre la posición de las estrellas, o la carta de Tarot, o los tallos de milenrama o las monedas y la situación circunstancial de una persona?

La mente racional, muy alejada de la perspectiva del chino,

insistirá en atribuir al resultado de la caída de las monedas una causa que denominará azar.

–¿Azar? ¿Qué significa eso? –preguntará el chino–. ¿Qué leyes obedece?

Es curioso que, la mente presumidamente racional queda bloqueada ante tales preguntas. Como mucho, balbuceará que el azar no respeta causas.

El chino se sorprenderá ante tamaño desprecio a la ley de la causalidad. La creación del concepto azar le parecerá, sencillamente, una derrota: ¿acaso el hecho de no conocer algo significa la no existencia de ese algo?

El efecto nocivo de las palabras

Rectificar nombres

Cuando a Confucio se le preguntó por la primera medida que tomaría tras asumir su cargo de administrador del estado de Wei, el maestro respondió que lo más urgente era rectificar nombres.

Ante la sorpresa del interlocutor, Confucio explicó que si los nombres no son apropiados, el lenguaje no concuerda con la realidad de las cosas y, en consecuencia, difícilmente puede darse una gestión eficaz de los asuntos de Estado. Así pues, no se podrían establecer los mecanismos adecuados para el funcionamiento de la sociedad, con sus retribuciones y sanciones correspondientes, y la gente no sabría cómo comportarse. Por lo tanto, insistió, era esencial poner el mayor esmero en usar la palabra precisa en cada caso.

La doctrina de la rectificación de los nombres, que es toda una referencia en la filosofía china, generó una gran controversia en aquellos tiempos turbulentos. A los Cien Filósofos les faltó tiempo para vertir sus opiniones y matices al respecto.

A los occidentales, la doctrina de la rectificación de nombres no nos ha de resultar extraña. De hecho, la aplicamos constantemente. A quienes ayer llamábamos negros, hoy llamamos personas de color o de origen africano; la vejez es la tercera edad; la tienda de saldos es el *outlet*, y el gimnasio, el club de *fitness*; los niños de una escuela se dividen ahora inexorablemente en niños y niñas, y los trabajadores de una empresa en trabajadores y trabajadoras; el bachillerato superior es el bachillerato a secas, eso sí, tras haber sido el bachilleraro unificado polivalente, mientras que el Ministerio de Medio Rural, Medio Ambiente y Marino ha pasado a ser, mientras se redactaba este libro, el Ministerio de la Agricultura, Alimentación y Medio Ambiente. Etcétera, etcétera, etcétera.

La pregunta es: ¿mejora la vida del negro, el viejo o el gimnasta con el cambio de denominación? ¿Mejora el ministerio su gestión? ¿Mejora el alumnado su preparación? ¿Mejora el género de la tienda de saldos por el hecho de llamarse *outlet*?

Si la respuesta es negativa, ¿no habría entonces que hablar de engaño, en lugar de progreso? ¿porqué entonces malgastar tiempo, energía y dinero rectificando nombres permanentemente?

Y sobre todo, ¿por qué no ocuparse en abordar el problema real? La marginacion de determinados grupos sociales. La ineficiencia del ministerio. El fracaso escolar. La calidad de los saldos.

El taoísta considera que la doctrina de la rectificación de nombres, y la consecuente mudanza de conceptos y valores, es una trampa para eludir los problemas reales. Para Zhuangzi, Confucio ofrecía muy poca credibilidad:

> «Confucio, a sus sesenta años, había mudado de opinión sesenta veces. Siempre acababa por estimar falso lo que al principio tenía por verdadero. No podía afirmar que lo que ahora tenía por verdadero no fuera lo que tenía por falso a sus cincuenta y nueve años».
>
> *ZZ, Libro LXXVII*

Frente al confucionista, el taoísta sostiene que la palabra es sencillamente una herramienta, como el bíceps, el vaso o la bicicleta. Si el bíceps sirve para levantar un objeto, el vaso para contener líquido y la bicicleta para trasladarse, la palabra sirve para expresar una idea. Eso es todo. Nos confundiríamos, por tanto, si consideráramos que puede atrapar la realidad compleja y dinámica:

> «La red sirve para atrapar peces; atrapado el pez, olvídate de la red. La trampa sirve para cazar conejos; cazado el conejo, olvídate de la trampa. La palabra sirve para expresar la idea; comprendida la idea, olvídate de la palabra. ¿Cómo podría yo encontrar un hombre que haya olvidado las palabras para poder hablar con él?»
>
> *ZZ, Libro XXVI*

Etiquetar es encarcelar

Tengo un amigo aficionado al buen comer. Todos solemos pedirle opinión y consejo. Una tarde, una compañera de trabajo le sorprendió en una hamburguesería, y exclamó espontáneamente: «¡Vaya, no esperaba encontrarte en un lugar así!». La etiqueta de buen *gourmet*, que tan excelente consideración le otorgaba, resultó ser al mismo tiempo una cárcel.

Tarde o temprano, la mayoría de nosotros nos sentimos encarcelados por las etiquetas, aunque sean positivas. La mujer-guapa acaba lamentando que sea esa cualidad todo lo que se aprecia en ella. Lo mismo que el profesional-impecable, el soltero-empedernido o el colega-siempre-dispuesto-a-echar-una-mano. No digamos ya si las etiquetas son negativas.

¿Y qué decir en el caso de los personajes públicos? El peso de las etiquetas aumenta en proporción a la fama. A Bob Dylan, la etiqueta de cantante-protesta, que tanto le favoreció en sus inicios, le llevó a soportar durísimos abucheos cuando decidió electrificarse. A Lennon y McCartney, la etiqueta de Beatle les pesó como una losa en el inicio de sus carreras en solitario. Obama ha mantenido una lucha persistente contra la etiqueta de primer-presidente-negro. Michael Douglas, Jane Fonda y tantos descendientes de famosos fueron hijos-de durante años. La lista, aquí, es interminable.

Las etiquetas por nacionalidad, por otra parte, resultan una auténtica condena para los individuos. El brasileño de Río Grande del Sur se ve obligado a justificar repetidamente su desinterés por la samba, el malagueño rubio y melancólico tiene que escuchar una y otra vez que no parece andaluz. No se puede ser ruso que deteste el vodka, ni catalán espléndido, ni alemán desorganizado, ni argentino silencioso.

Adoramos etiquetar. ¿Por qué? Porque así logramos definir el mundo de modo simple y rápido. Con las etiquetas conseguimos clasificar todo lo que nos rodea en diáfanas categorías, lo cual nos proporciona una reconfortante sensación de control y, consecuentemente, de seguridad. En realidad, pues, el afán de adjudicar etiquetas hunde su raíz en el miedo.

A cambio, pagamos pena de cárcel: no podemos movernos.

Y, por supuesto, cualquier otro aspecto o matiz de nuestra personalidad queda oscurecido.

Desde su idea gaseosa de la vida, el yinshi, sencillamente, renuncia a etiquetar. La rectificación de palabras confuciana, ese intento por corregir lo que se movió, no es más que una torpeza que elude el problema de fondo, y crea más confusión, pues la palabra jamás puede contener el movimiento continuo:

> «Las palabras son como las olas levantadas por el viento. Cuando se transmiten, unas veces procuran ganancia y otras causan pérdida. Las olas se levantan fácilmente, y fácilmente surge el peligro de que la ganancia se vuelva en pérdida».
>
> *ZZ, Libro IV*

Hablando no siempre se entiende la gente

Esa misma ligereza con que clasificamos a las personas, la aplicamos a los conceptos. Tal práctica, cuando se trata de conceptos que definen valores, termina provocando significativas tergiversaciones de la realidad, de las que a menudo derivan grandes injusticias.

¿Qué expresa, por ejemplo, la etiqueta "tradicional"? En los últimos años, este calificativo ha engordado de manera notable su valor positivo, ejerciendo de contrapeso a la modernidad desatada que habitamos. Lo cierto es que todos estamos dispuestos a desembolsar algún euro de más por un producto etiquetado como tradicional, o alguna de las variantes heterónimas, sea el pan artesanal, el vestido hecho-a-mano o las judías elaboradas según-la receta-de-la-abuela, sin hacernos demasiadas preguntas técnicas al respecto. Otro tanto sucede con etiquetas como orgánico, ecológico, natural o comercio-justo. Ni que decir tiene que los departamentos de *marketing* de las empresas implicadas están encantados con el mecanismo en cuestión.

El valor positivo del término "tradicional" funciona también muy bien en el campo de las costumbres. Esta es la etiqueta escogida para justificar el amplio catálogo de salvajadas para con los animales que mantenemos en el mundo, desde las peleas de gallos hasta la decapitación de cuajo de aves vivas, desde las corridas de toros hasta esos rodeos en que se marean burros, cabras o novillos, sin olvidar el trato recibido por las ocas destinadas a la producción de paté. Es también el término que cobija abundantes prácticas sexistas, racistas o clasistas, incluidas todo tipo de segregaciones y también la ablación, la inmolación de viudas o el sacrificio de niñas vírgenes (sí, aún hoy en día) para propiciar una buena cosecha.

Cuando los conceptos se refieren a valores morales, el asunto adquiere singular trascendencia. La etiqueta de cristiano, por ejemplo, o su variante matizada, buen-cristiano, se han utilizado habitualmente en Occidente para calificar la calidad moral de las personas. Sobre ese soporte, el Papa medieval se vio legitimado para llamar a la Cruzada contra el infiel, el inquisidor para torturar al hereje, el misionero victoriano para forzar a los polinesios a corregir sus relajadas costumbres, la gente de bien para afear la conducta de sus vecinos y amargarles la vida.

En la actualidad, las injusticias cometidas bajo el cobijo de la etiqueta de cristiano son criticadas abiertamente, pero solo porque el cristianismo ha perdido centralidad moral; en realidad, las cosas no han cambiado tanto, pues la mecánica se mantiene, y otros términos ocupan su espacio.

Consideremos, por ejemplo, la prestigiosa etiqueta de demócrata. ¡Ay de quien se atreva a cuestionar el valor absoluto de la voz-del-pueblo! O, peor aún, a confesar su preferencia por otro tipo de régimen político. No tardarán en emerger pontífices llamando a la Cruzada, y los inquisidores engrasarán su maquinaria, los misioneros se dispondrán a la conversión del descarriado, los bienpensantes a su linchamiento.

Como sucedió antes con cristiano, la etiqueta de demócrata ha alcanzado un valor positivo absoluto, al menos en Occidente. La democracia es el Bien, y punto. Tan incontestable nos parece, que no dudamos en exportarlo a todos los confines del mundo y por todos los medios, sea la propaganda, la diplomacia, el chantaje económico o incluso la guerra. Imponemos la urna con la misma convicción con que nuestros antepasados impusieron el crucifijo. Lo sorprendente es que no advirtamos el perfecto paralelismo entre ambas actuaciones. ¿No lo advertimos, o nos hacemos los suecos para no agrietar nuestra impecable descripción del mundo?

En 1979, por ejemplo, el mundo democrático recibió con alborozo el derrocamiento del sah de Irán, un dictador con pocos escrúpulos, pero luego el proceso acabó desembocando en una dictadura al menos tan infame como la anterior. ¿Cómo pudo el exquisito mundo democrático, con sus sesudos doctores al frente, dejarse deslumbrar por el espejismo de la derrota del Mal? Sucedió algo parecido con la caída del muro de Berlín, y todos esos complacidos artículos que llegaron a presentarse bajo títulos como "El final de la historia". ¿No deberíamos aceptar que nuestras visiones fueron algo miopes?

En estos tiempos de inestabilidad social de los países musulmanes, eso que se ha dado por etiquetar como la "primavera árabe", pienso a menudo en aquel Irán. Me conforta poco la visión de esas turbas que queman banderas, derriban estatuas, descuartizan enemigos con saña y chillan histéricamente ante las cámaras de los reporteros. Aun comprendiendo que llevan toda una vida subyugados, no queda muy claro que por ahí se llegue a buen puerto, pues, si se piensa bien, no es tanto que lleven una vida subyugados, sino toda una historia, más allá de la cual se extiende únicamente un desierto ignoto. El grueso de la cobertura mediática, sin embargo, opta por hacer la vista gorda y despreciar la visión de conjunto, embelesada como está con el espectáculo, ciertamente sabroso, del asedio y derrocamiento de los diferentes dictadores, y henchida de felicidad por la llegada inminente del Bien.

En Togo, país que tras la época colonial se estableció como república democrática, el presidente Gnassingbé Eyadema ganó sistemáticamente las elecciones durante cuarenta años por porcentajes superiores al 90%, y desde su muerte en 2005 es su hijo Faure Gnassingbé quien gobierna el país, sustentado por la misma mecánica. Este formato de apropiación de poder por parte de una familia, clan o etnia, con el soporte técnico de elecciones fraudulentas, se reproduce en numerosas repúblicas del África subsahariana. ¿Debe Occidente felicitarse por las lecciones de democracia que impartió?

En Nicaragua, Panamá y otros países de América Latina, las elecciones arrojan persistentes balances a favor de las mismas familias y grupos de poder, que se ocupan de mantener bien abierta la brecha con respecto al grueso de la sociedad, perpetuada en la miseria. ¿Podemos considerar a estas democracias, con sus flamantes urnas, bien vigiladas por atildados observadores internacionales, como ese Bien deseado por los moralistas?

Para empezar, ¿cómo se puede pretender que sociedades como la iraní, la togolesa o la nicaragüense, con sus tradiciones ancestrales ancladas en la idea del caudillaje y las férreas jerarquías piramidales, asimilen una democracia al modo occidental? ¿A qué cabeza se le ocurre que en Afganistán encaje el flemático sistema parlamentario de Westminster, teniendo en cuenta su organización histórica por clanes, su rígido islam y su inflexible código de honor?

Aún más: ¿es que nuestras propias democracias occidentales, las auténticas y originales, son tan puras como para permitirse ir dando lecciones al mundo? Si es así, ¿cómo se explica el amparo legal a toda esa sucesión de estafadores que tras hundir los bancos con los ahorros de la gente se van de rositas con un finiquito multimillonario? ¿Son realmente democráticos, por otra parte, los retorcidos contratos que nos imponen las operadoras de teléfono, las empresas eléctricas o las empresas de servicios informáticos? ¿Y qué hay de esas campañas de publicidad en que se nos engaña sistemáticamente a base de ocultar nueve décimas partes de la verdad? ¿Acaso es democrático despachar cargamentos de armas a tiranos? ¿Es democrático emprender guerras de destrucción para obtener contratos de reconstrucción? ¿Son todas esas prácticas, en fin, la concreción de ese Bien moral que proclamamos poseer?

Detengámonos aquí, pues en este texto no se trata de cuestionar los valores de la democracia, el cristianismo o las diversas tradiciones, sino únicamente de insistir en el peligro de entregarse a lo engañoso de las etiquetas.

El yinshi no se cansa nunca de advertir que la inatrapable realidad, ese lugar donde los ideales se entremezclan confusamente con las bajas pasiones, no resulta descriptible en palabras:

> «Lo estimable en las palabras es la idea. Las ideas tienen una intención, pero la intención de las ideas no se puede expresar con palabras».
>
> *ZZ, Libro XIII*

* * *

¿Hablando se entiende la gente, pues? La evidencia revela que no siempre. Ni en familia, ni en relaciones profesionales, ni en debates políticos, ni entre amigos. ¿De qué nos extrañamos, atendiendo a la imposibilidad de encerrar en palabras valores o realidades personales?

En estos tiempos de crisis, las páginas de los diarios y los estudios radiofónicos, los platós televisivos y el ciberespacio acogen un interminable desfile de expertos en finanzas, banca, auditorías, presupuestos públicos, inversiones y otras ramas de la economía, los cuales se esfuerzan por explicar de modo *comprensible* las razones que nos llevaron al desastre. Espontáneamente, nos preguntamos: si tan elemental es el esquema que ofrecen los sabios, ¿por qué no lo revelaron antes? Por otra parte, ¿debemos pensar que quienes nos gobiernan son tan ineptos que, a pesar de sus abultados currículos y sus diplomas expedidos por las más prestigiosas universidades, no conocen esa sencilla mecánica?

La conclusión es que someter el pasado a un esquema cerrado es fácil, pero otra cosa es prever un futuro en que penetró un elemento que no controlamos. Recordemos que una crisis como la que padecemos es básicamente incertidumbre, y que esa incertidumbre se desata por la imprevisibilidad del elemento novedoso, en este caso la globalización. Sin ello no hablaríamos de crisis, pues podríamos aplicar de forma sistemática viejas fórmulas.

Lo cierto es que todas esas declaraciones de expertos, cuya ciencia y honestidad nadie pone en duda, no nos ayudan a reparar la incertidumbre del presente. Tras escucharles, continuamos sin esperanzas de recuperar lo que perdimos, y sin saber qué hacer con lo que aún tenemos. A lo sumo, nos aportan alguna etiqueta novedosa, útil para las tertulias con los amigos y quizá, en un ejercicio de autoengaño, para convencernos a nosotros mismos de que estamos algo más preparados. Una solución, por cierto, muy en la línea de la rectificación de nombres confuciana.

Ni que decir tiene que la utilidad de la palabra como herramienta de conocimiento resulta aún más escasa en otros formatos, como esas tertulias mediáticas en que sistemáticamente se toma la parte por el todo, y muy especialmente en esos escenarios donde solo cuenta la victoria sobre el oponente, como juicios, debates políticos y, ya en un registro infame, esos programas de televisión donde la gente chilla y se despelleja mutuamente. Pero también, conviene recordarlo, en tantas situaciones de nuestra vida ordinaria, incluyendo discusiones de pareja, conversaciones de negocios o intercambios de opiniones con amigos. Así sucedía ya en la lejana China, y el viejo Changwuzi reflexionaba al respecto:

> «Si vos y yo disputamos, y vos me vencéis, y yo no puedo venceros, ¿quiere ello decir que por fuerza vos tenéis razón y yo estoy equivocado? Y si yo soy el que os vence, y vos no podéis vencerme, ¿fuerza es que yo tenga razón y que vos estéis equivocado?».
>
> *ZZ, Libro II*

La situación se torna definitivamente grave cuando, más allá de la capacidad dialéctica, se introducen en el juego actitudes tramposas. Ya en su tiempo, el yinshi deploraba que se utilizaran argucias para vencer:

> «En las competiciones de habilidad o fuerza, se empieza limpiamente, más a menudo se acaba con suciedades, y en los casos extremos se usan marrullerías mil».
>
> *ZZ, Libro IV*

Decididamente, el yinshi taoísta nunca sintió una gran admiración por el arte de la dialéctica. Para él, brillantes oradores son brillantes tramposos, e impactantes titulares de periódico, rotundas mentiras. Véase el concluyente lamento de Zhuangzi al respecto:

> «No se hace caso de las gentes honestas, y se estima a los pillos trepantes; se abandona el plácido no-actuar, y se estiman las enseñanzas de los charlatanes. Son estos charlatanes los que han transtornado el mundo».
>
> *ZZ, Libro X*

En la crisis actual, ¿necesitamos realmente toda esa palabrería con que se nos obsequia?

Intentemos ver las cosas con otra luz. Menos mediatizada. Más inocente, si se quiere. Vivimos en un planeta que ofrece abundancia, y gozamos de excelentes técnicas de producción; multitud de estudios confirman que contamos con recursos más que suficientes como para que la totalidad de la población mundial pueda no solo sobrevivir, sino vivir con dignidad. A tenor de eso, puede afirmarse que la crisis económica que nos ocupa no es realmente económica, en el sentido de que no se trata de una crisis de escasez de riqueza, como las que se dan, pongamos por caso, en una situación de sequía persistente, guerra duradera o catástrofe natural. Recordemos los nombres de Biafra, Etiopía, Bangladés, Iraq, Chernóbil, Sechuan, Ruanda, Bam, e incluso Nueva Orleans o Fukushima: todos almacenamos en la memoria sobrecogedoras imágenes de niños escuálidos, personas carcomidas por la radiactividad, ciudades devastadas por bombardeos, terremotos, tornados o inundaciones, familias que lo perdieron todo.

La llamada crisis económica actual no tiene que ver con esto; responde únicamente al deterioro del sistema de producción y redistribución de riqueza que hemos venido utilizando a lo largo de la edad industrial. Nada nuevo: ¿es que aún no hemos aprendido que toda máquina o mecanismo se deteriora? Tampoco será novedad histórica la llegada de un sistema actualizado, lo cual se producirá inexorablemente, aunque comporte su tiempo y su sufrimiento.

El taoísta no está interesado en la máquina. En su visión panorámica, la renovación de la misma es asunto menor, superficial. El taoísta va más allá: para él, lo esencial es la conciencia permanente, y subrayemos permanente, de la totalidad del proceso. De la mecánica Yin-Yang, en definitiva. Habida cuenta de la rigurosa correspondencia entre ambos opuestos, es obvio que el sufrimiento que se vive en la precariedad es proporcional a la euforia que se vivió en el esplendor, que el sentimiento de humillación es proporcional al sentimiento de soberbia, que la pérdida es proporcional a la codicia.

Salta a la vista, pues, que el trabajo real consiste en tratar con la soberbia, la codicia y la euforia, y, en general, con todas esas emociones espumosas que brotan del lado oscuro del ser y que, en definitiva configuran el vector que se denominó intención. Recordemos que esa intención, no atrapable en palabras, es la que realmente marca la ruta de la vida real.

En vista de lo estéril del debate, el taoísta se retira. Entonces, las partes enfrentadas, que consumen los días echándose mutuamente las culpas de todo con suntuosos argumentos, y discutiendo sobre el color de las piezas de la nueva máquina, y nunca de lo esencial, se vuelven hacia él acusándole de pasividad, insolidaridad, escapismo. ¿Qué puede responder entonces el yinshi? Poca cosa, en palabras. En el *Tao Te Ching* encontramos una réplica no exenta de ironía:

> «Mi espíritu es el de un estúpido,
> ¡tan vago y confuso está!
> Los hombres vulgares son brillantes,
> ¡tan solo yo me encuentro en tinieblas!
> Los hombres vulgares poseen claras ideas,
> ¡tan solo yo no salgo de mi perplejidad!».
>
> *TTC20*

¿Es el conocimiento tan útil como dicen?

En los textos que tratamos, los sabios ocultos dedican un espacio abundante a cargar contra el conocimiento y la erudición. **«El saber no es la erudición, el erudito nada sabe»,** se afirma en el último capítulo del *Tao Te Ching*. Más concluyente, imposible.

El conocimiento era uno de los pilares del sistema confuciano. Los eruditos confucianos, a quienes las traducciones suelen denominar significativamente como "letrados", debían estudiar "Los Cinco Clásicos" en profundidad: *I Ching*, *Libro de Documentos*, *Libro de Poemas*, *Anales del Estado de Lu (Primavera y Otoño)*, *Libro de Ritos*. El maestro consideraba que esos libros recogían la quintaesencia del saber acumulado durante siglos, es decir, lo necesario y suficiente para sustentar la construcción de la nueva China.

El conocimiento de "Los Cinco Clásicos", combinado con el cultivo de la benevolencia y demás cualidades, había de generar al hombre perfecto. Confucio pensaba instruir únicamente a una élite, que aconsejaría al rey y controlaría el poder. Esa élite ejemplar sería el espejo en que se mirarían las clases inferiores, que poco a poco asimilarían la Virtud.

Se aspiraba, pues, a una sociedad armónicamente jerarquizada, y no por clase o linaje, sino por mérito. Con ese fin se creó la figura del funcionario, que accedía a su puesto de responsabilidad mediante duros exámenes, y que habría de ser tan crucial en la sociedad china.

Conocimiento y virtud en la base, esfuerzo y mérito para ascender en el escalafón. ¡Exámenes! Una vez más, las propuestas de Confucio se asemejan bastante a lo que propone este Occidente nuestro. Y no parecen del todo irrazonables. ¿Por qué entonces el dichoso taoísta arremete contra el conocimiento? Dejemos que explique con sus propias palabras la razón fundamental:

> «Lo que el hombre sabe es harto menos de lo que ignora; el tiempo de su existencia es harto más corto que el que precedió a su nacimiento; con algo tan sumamente pequeño, querer llegar al dominio de lo sumamente grande, por fuerza ha de llevarle a gran confusión y extravío».
>
> *ZZ, Libro XVII*

El conocimiento de una persona es siempre tan ínfimo, por comparación al Todo que resulta irrelevante. ¡No importa cuán erudita sea la persona! Es como si, de la receta de una paella, supiéramos únicamente que se puede poner perejil.

Suena exagerado, ¿verdad? Ya en su tiempo, el pensamiento del yinshi chocaba a la sociedad por su radicalidad sin contemplaciones. Sus propuestas incomodaban, y la gente prefería aferrarse al conocimiento como valor seguro.

Sin embargo, ¿cuántas decisiones, cuántas vidas, cuántas empresas, cuántas civilizaciones se edificaron sobre certezas que luego resultaron falsas? Por ejemplo, ¿cuántas sociedades construyeron sus códigos sobre la idea de que el mundo era plano o que la Tierra era el centro del universo, o sobre la creencia ciega en dioses o hechos asombrosos jamás demostrados técnicamente? ¿Y qué hay del conocimiento en las ramas de la medicina y la alimentación, donde una y otra vez nos enteramos de que ese tratamiento y ese producto que creíamos tan saludables son tóxicos, o viceversa?

La lista de fundamentos erróneos utilizados por el hombre es interminable. El mismo *Tao Te Ching* que nos ocupa es un ejemplo de ello: durante más de dos mil años se le tuvo como redactado por Laozi en el siglo -VI, pero ahora, a la luz de los hallazgos arqueológicos de las últimas décadas, se contempla el siglo -III como la época de producción más verosímil, y una autoría compartida por varios filósofos, dado que se duda seriamente de la existencia real de Laozi. ¿Qué hay, pues, de todo lo dilapidado en base a lo anterior?

¡Cuántas discusiones estériles generadas por certezas falsas! Y más preocupante: ¡cuánto sufrimiento! Que se lo pregunten a Galileo, entre muchos otros.

Atendiendo a la endeblez del conocimiento humano, la única certeza es que, en el futuro, una parte sustancial de las informaciones que hoy manejamos se revelarán como falsas. Siendo así, ¿por qué conceder tanta importancia al conocimiento?

> «Cuantas más cosas conocemos, más pobres nos hacemos.
> Es mejor conservar el vacío interior».
>
> *TTC5*

* * *

El sabio Yangzhu se erige como una de las figuras destacadas del taoísmo filosófico. Se estima que vivió en el siglo -IV, aunque los datos biográficos de él conocidos son frágiles, como sucede con otros yinshi. A nadie ha de extrañar: ¿por qué iban a merecer esos estrafalarios personajes, esos parias escondidos en las montañas, mención alguna en los archivos reales?

Yangzhu no dejó nada escrito, pero su pensamiento quedó reflejado por otros autores, muy especialmente en el *Liezi*. Destaca por su valiente radicalidad en su búsqueda de lo esencial, postura que sin duda animó a muchos de los que vinieron detrás. Atendamos ahora a su reflexión bimilenaria con respecto a... ¡las noticias de actualidad!

> «Los sucesos de la época presente, o los hemos presenciado o los sabemos de oídas, pero de diez mil hechos ninguno podemos tener por seguro. De lo que pasa actualmente, hay cosas que conservamos y otras que se nos han borrado, de modo que de mil hechos ninguno conocemos con total certeza».
>
> *LZ, Libro de Yangzhu*

Diríase que no ha pasado el tiempo: ¿no es cierto que estas mismas palabras podrían aplicarse al periodismo actual?

Tomemos un noticiario televisivo, por ejemplo. El suceso *es* lo que se ofrece en el rectángulo durante quince segundos, y punto. Lo que quedó fuera no existe, lo que ocurrió en el instante anterior no existe, lo que ocurrirá luego tampoco existe.

Y, obviamente, los millones de noticias que no fueron seleccionadas para el noticiario no existen. Siendo así, ¿cómo podemos afirmar que conocemos la actualidad con certeza?

Lo mismo se da con las emisiones radiofónicas, y con los reportajes de diarios, revistas, *blogs* y enciclopedias. ¿Cómo podemos aceptar que una persona, un caso judicial, un suceso, una guerra, a veces incluso un siglo entero, sean descriptibles en un breve corte de voz, una fotografía o unas pocas líneas?

¿Y qué hay de todo el conocimiento relacionado con ese fenomenal producto de consumo denominado turismo? ¿Es sensato pontificar sobre un país por haber visitado algunos monumentos del mismo durante una semana, y leído un par de guías de viaje? Mucha gente cree que sí.

Para el taoísta, lo que el pesado baúl del conocimiento acoge no es más que una desordenada acumulación de fragmentos de credibilidad variable. Una infinitud de piezas de rompecabezas mayoritariamente desconectadas entre sí. ¿Qué tiene que ver eso con la sabiduría verdadera?

Y, en todo caso, ¿más es mejor? Veamos lo que dice el *Tao Te Ching* al respecto, no sin cierta ironía:

> «El que se entrega al estudio
> aumenta día a día,
> el que escucha al Tao
> disminuye cada día».
>
> *TTC48*

Y aun, con notable fuerza poética:

> «Sin salir de la propia casa,
> se conoce el mundo.
> Sin mirar por la ventana,
> se conoce el Tao del cielo
> Cuanto más lejos se va,
> menos se sabe.
> Por eso el sabio conoce sin viajar,
> distingue las cosas sin mirar
> realiza su obra sin actuar».
>
> *TTC47*

Por otra parte, ¿no será que nuestra urgencia por acumular conocimientos obedece a la presión de una industria cultural que exige consumir y de una sociedad que exige poseer y exhibir? Entre nosotros, no resulta infrecuente establecer categorías de calidad a partir de lo *entendido* que sea uno en arte, o de los libros que haya leído, o de los países que haya visitado. A menudo, somos testigos de enconada competencia en ese terreno. ¿Tiene eso algo que ver con el progreso espiritual que supuestamente promueve la cultura?

No se trata de menospreciar el trabajo del periodista, el cineasta, el experto en viajes, el tertuliano, el economista. Por supuesto. Ni de cuestionar la dignidad del sector del entretenimiento. Sencillamente, se trata de considerar el alcance real de eso que denominamos conocimiento, y ubicarlo en consecuencia.

Y, más importante aún, se trata de no sucumbir al totalitarismo moral de la etiqueta de turno, en este caso la de cultura. Quizá no esté de más recordar aquí que el Bien y el Mal son opuestos complementarios, y que el Yin y el Yang se desplazan continuamente. En otras palabras, que lo que hoy se tiene como un conocimiento deseable mañana se puede tener como nocivo.

Por eso, el yinshi prefiere la desnudez. No le hacen falta palabras. No necesita moverse. Su pedestal es el vacío.

> «Cuando se elimina la sabiduría y se desecha la inteligencia,
> el pueblo obtiene beneficios cien veces mayores.
> Cuando se elimina la bondad y se desecha la rectitud,
> el pueblo torna a la piedad filial y al amor.
> Cuando se elimina la industria y se desecha el provecho,
> desaparecen ladrones y bandidos.
> Estos tres preceptos no bastan,
> es menester algo positivo
> a lo que atenerse:
> exhibir un exterior modesto y mantenerse en la sencillez interior,
> reducir el egoísmo y disminuir los deseos».
>
> *TTC19*

Caos y poesía

¿Qué puede ofrecer el sabio taoísta? Poca cosa en forma de palabras. Zhuangzi lo tiene muy claro:

> «Por las formas y colores, por los nombres y sonidos, no es posible conocer la realidad de las cosas».
>
> *ZZ, Libro XIII*

No deseando aumentar la confusión, el yinshi se resiste a la palabra. Pero los discípulos inquieren, exigen explicaciones. Entonces él se expresa con metáforas, alegorías, apólogos, imágenes. Pinceladas de luz, dirigidas al corazón del oyente, más que al cerebro. Es lo único que puede ofrecer.

> «Hablar poco es conforme con la naturaleza;
> un viento furioso no sopla toda la mañana,
> una lluvia violenta no dura todo el día».
>
> *TTC23*

Sus palabras son impactantes como el viento furioso, como la lluvia violenta. Son esas palabras las que componen los textos taoístas de que gozamos hoy en día. Formalmente caóticos, sí, pero ¿cómo ordenar lo *inordenable*?

La sabiduría del yinshi hunde sus raíces en la China ancestral, donde siempre se entendió al hombre como parte de la naturaleza. El taoísta refina ese legado con su filosofía, perfilando un arquetipo que se instalará de modo permanente en el imaginario del país. En algún lugar de su alma, todo chino alberga un yinshi. Incluso en una época ferozmente consumista como la actual, el espíritu del yinshi mantiene su presencia a través de pinturas y poemas de todas las épocas. En toda casa, hotel o restaurante hay presencia de pinturas inspiradas en la naturaleza. El chino las necesita: la montaña y el cielo nublado, la flor y el bambú, el pájaro y el buey, pero también el hombre solitario bajo un árbol o atravesando el río en su barca. A menudo, las imágenes se ofrecen subrayadas por un poema escrito en los bellos carácteres chinos, algo como lo que sigue:

> «Sentado solo, en el bosque de bambú,
> toco el laúd, silbo largo tiempo.
> El bosque profundo, la gente no lo conoce,
> la luna brillante viene y acerca su claridad».

O como:

> «Se mece el barco, anclado en la isla neblinosa,
> el Sol se pone, la preocupación del viajero surge.
> En la vasta llanura, el cielo baja hasta los árboles,
> en el río puro, la Luna se acerca al hombre».

Wang Wei y Meng Hao-Ren, autores de los poemas citados, vivieron entre los siglos VII y VIII, en el período Tang, en que el pensamiento taoísta ejerció gran influencia. Pero también en otras épocas surgieron grandes poetas, como Yuan Chi (siglo III), uno de "Los siete sabios del bosque de bambú", grupo de filósofos rebeldes al poder, y por tanto próximos a los yinshi más radicales; o Tao Yan-Ming (siglo IV-V), el cual, tras dimitir de un cargo oficial para no tener que «doblar la espalda haciendo reverencias a un funcionario corrupto», se retiró al campo a trabajar la tierra, componer poesía y beber vino. El caso de Tao Yan-Ming no es aislado en lo que se refiere a la relación con el poder; antes al contrario, pues entre los yinshi abundan los episodios biográficos de confrontaciones con mandatarios, caídas en desgracia, huidas y exilios.

El espíritu desnudo de los viejos taoístas penetró también en algunas ramas del budismo, particularmente en el C'han, que en su viaje al Japón se convertiría en el Zen. No es de extrañar, pues, la cercanía entre la poesía china de inspiración taoísta y los famosos haikus japoneses. Véanse como muestra los versos de Po Chu-I, titulados "Una sugerencia a mi amigo Liu":

> «Hay un brillo verde en la botella antigua,
> hay un agitarse rojo en la estufa tranquila.
> Hay un sentimiento de frío en la nieve afuera,
> ¿qué tal un poco de vino adentro?»

En la poesía clásica de China no se canta al sufrimiento del anacoreta, sino a la sencilla felicidad del hombre que murmura una canción bajo la luz de la luna, que se deleita con el vuelo de una grulla, que regresa a casa tras un día de trabajo en compañía de su buey, que se conmueve por el reencuentro con el amigo que regresó tras un largo período de ausencia. Se diría que están impregnadas de la visión del mundo sugerida en el *Liezi*:

> «La medida se encuentra en el propio cuerpo, y la reflexión en el hombre mismo ».
>
> *LZ, Libro de Shuofu*

Habiendo comprendido eso, ¿qué necesidad hay de ir más lejos?:

> «Los estados vecinos se divisarán a lo lejos,
> se podrá oír el canto de sus gallos y el ladrido de sus perros,
> pero las gentes envejecerán y morirán sin haberse visitado».
>
> *TTC80*

Quédese el poder para usted, gracias

¿Quién es el débil?

«Estaba Zhuangzi pescando en el río Pu cuando el rey de Chi despachó a dos de sus altos dignatarios para que le comunicaran su intención: "¡Es mi deseo confiarle la carga de este mi país!". Zhuangzi, sin soltar la caña ni tornar la cabeza, les dijo:

–Tengo oído que en Chu hay una tortuga prodigiosa que murió tres mil años ha. Vuestro rey la guarda en el salón noble de su palacio, envuelta en un paño y dentro de un cofre de bambú. ¿Esa tortuga quiso morir para que sus huesos fueran venerados o hubiese preferido seguir viva aún arrastrando su cola por el fango?

–Hubiese preferido seguir viva arrastrando su cola por el fango –respondieron los dos dignatarios.

–Idos ya –dijo Zhuangzi–. También yo prefiero arrastrar mi cola por el fango».

ZZ, Libro XVII

Impacta la naturalidad con que Zhuangzi despoja la oferta de su valor social añadido, reduciéndola a la desnuda realidad práctica: se vive mejor pescando que en los tortuosos laberintos del poder, por mucha fama o riqueza que le aporten a uno. La respuesta de Zhuangzi representa perfectamente la postura de los sabios ocultos.

A la luz de esta historia, cabe preguntarse: ¿consideran en alguna ocasión nuestros poderosos la posibilidad de renunciar a sus cargos y dedicarse a la pesca?

Todos esos políticos que consumen la vida discurseando en televisión, prometiendo futuros imposibles en mítines; todos esos magnates que acumulan mucho más de lo que podrían gastar en un millón de vidas, pero continúan trabajando de vendedores a tiempo completo; todos esas celebridades que no pueden asomarse a la calle sin guardaespaldas, ni solazarse en una playa en compañía del último amorío sin que se entere el mundo entero. Todo ese trajín: a las seis *footing*, a las siete y media lectura de informes, a las nueve reunión directiva, a las diez consejo de administración, a la doce junta de accionistas, a las dos comida de trabajo, a las cuatro rueda de prensa, a las seis inauguración de una nueva tienda, a las ocho recepción.

Sin duda, muchos les envidian, y no pueden comprender el rechazo de Zhuangzi; pero otros prefieren pescar en el río, o permanecer tumbados en el sofá, contemplando desde lejos el teatro que el poder representa, y dedicarse a disfrutar de la vida sencilla. ¿Quién es el débil en realidad?

«El que triunfa se encuentra atado; ¿puede a esto llamarse triunfar? Pues entonces la tórtola enjaulada también pudiera pensar que ha triunfado».

ZZ, Libro XII

El gobierno de la no-acción

Contrariamente a lo que suponen quienes les acusan de escapismo, los sabios ocultos se sienten muy comprometidos con el gobierno de los estados. De hecho, sus textos ofrecen abundantes y enfáticos consejos a los gobernantes sobre la recta actitud y el recto proceder. Conviene no olvidar que el pensamiento de los taoístas se desarrolla a partir de una crisis política, social y económica.

Como sistema de actuación, en el gobierno y en la vida, el taoísta propone el wuwei, o no-acción. Conviene aclarar el significado de la expresión no-acción, consensuada por los traductores a falta de otra mejor, ya que puede resultar equívoca. El wuwei no significa estar todo el día sin hacer nada. No es el paraíso de los gandules. El concepto tiene que ver con la espontaneidad: la no-acción se refiere a no-forzar, a fluir, a dejarse transportar por las inclinaciones naturales profundas, y no por el deseo. Si reyes y dignatarios, artesanos y comerciantes, soldados y campesinos comprenden esto, el mundo funcionará adecuadamente. De hecho, para el yinshi no existe otro camino:

«Que tu mente se mueva en la indiferencia; que tu energía vital se concentre en el silencio. Deja que las cosas sigan su curso natural, y no abrigues pensamientos interesados. Entonces el mundo podrá estar bien gobernado».

Z, Libro VII

No es que tengamos que acudir todos al río a pescar con Zhuangzi. ¡Claro que necesitamos personas que asuman responsabilidades de gobierno! Para eso están, precisamente, las personas dotadas para el liderazgo. Todos hemos conocido alguna. Se detectan fácilmente por la naturalidad con que actúan. A menudo, alcanzan su posición de forma espontánea, casi sin desearlo, y nunca se ufanan por encontrarse en ella.

Eso es el wuwei. No forzar. Celebrar la diversidad natural. Que el líder nato ejerza de líder, el artista nato produzca arte, el comerciante nato negocie, el subalterno nato se ocupe de llevar a cabo el cometido encomendado por su jefe. Que cada uno, en definitiva, se deje conducir, como un perfecto surfista, por su inclinación profunda.

* * *

«¿No conoces lo de la mantis? Agitaba furiosamente las patas para detener la rueda del carro, ignorante de lo imposible de su empeño: tan excesivamente grande juzgaba su capacidad».

ZZ, Libro IV

En aquella sociedad traumatizada por la crisis, Zhuangzi advirtió que demasiados puestos relevantes estaban ocupados por personas que no ofrecían las aptitudes necesarias: ese general ascendido por rutinario escalafón, y no por la brillantez de sus condiciones militares; ese consejero real que maniobraba únicamente en su propio beneficio, mientras que el rey, cuidando de su propia integridad, hacía como que no se daba cuenta; esos funcionarios locales que practicaban una docilidad ovina hacia sus protectores, a cambio de la cual se les permitía una suave desidia.

El control de la sociedad había ido a parar a manos de los mediocres. Todos decían lamentar la crisis, pero todos se aferraban a lo suyo. Demasiadas mantis. Demasiado poder en manos de personas no adecuadas. La arrogancia y la complacencia habían empapado el tejido social.

La gente se había vuelto codiciosa. De entre todas las fuerzas que empujan a una persona inadecuada al poder, el taoísta no encuentra ninguna peor que la ambición desmedida. Véase la contundencia del juicio emitido por el *Tao Te Ching* al respecto:

> «No hay crimen mayor que dejarse arrastrar por los deseos,
> no hay desgracia mayor que no saberse nunca satisfecho,
> no hay defecto más doloroso que la ambición».
>
> *TTC46*

La ambición surge de la necesidad, eso es de manual, taoísta o no. En consecuencia, para quien alcance el poder por esa vía, lo prioritario será satisfacer esa necesidad, sea de riqueza, sea de aplauso. ¿Cómo se nos ocurre, entonces, confiar el poder a personas así?

No hay que viajar muy lejos para toparse con ellas. Y no solo entre responsables políticos o empresariales. Su presencia es notoria en las esferas del arte, el deporte, la moda o la televisión, esos lugares que, a ojos del pueblo llano, se ofrecen refulgentes y elevados, próximos a algún olimpo. Y, por supuesto, en el mundo singular de las celebridades. Pero conviene recordar que la mecánica de la ambición tampoco es ajena a la vida de las personas ordinarias, incluyendo el propio entorno y nosotros mismos, realidad esta infinitamente más difícil de aceptar.

Unos y otros, pues, nos sentimos presionados por esa fuerza: la modelo profesional, pero también esa chiquilla adolescente, que entregan la belleza a su servicio; el magnate ostentoso, pero también ese joven que comprometió lo que no tiene por un automóvil impresionante para conquistar a la chica codiciada; el artista pedante, pero también ese escritor incomprendido que escogió una vida de precariedad y lamentos como peaje por la aureola que concede el arte.

Más allá de situaciones puntuales, sin embargo, el problema sustancial es que la mecánica de la ambición se afiance como rutina de vida; en parte porque es excitante, pero también porque no se han explorado otros territorios vitales, es decir, por la pobreza de la perspectiva personal. Desde ese prisma, se explican los episodios en que personajes de alto rango practican el saqueo de fondos públicos, la estafa, la evasión de capitales, el fraude fiscal, etc.; y, ya en un registro más pintoresco, las trifulcas de familia aristocrática por un quítame allá esa finca, o esos peculiares divorcios en que la bella modelo demanda al magnate y le solicita mil millones de euros por daños y perjuicios. Ya decía el taoísta que no hay mayor desgracia que no sentirse nunca satisfecho.

El ansia de poder conduce a esa extraña región. Como en un sueño macabro, el palacio suntuoso se transforma inesperadamente en olvidada ruina, el gallardo conquistador en figura errática. Abandonados los sentimientos espontáneos, cortadas las conexiones con las inclinaciones naturales más puras, la persona queda a la deriva, víctima del desconcierto, deslumbrada por espejismos y ciega a lo más elemental; y, en consecuencia, se ve abocada a situaciones negativas imprevisibles y, sobre todo, a mucho sufrimiento.

Para terminar, nos referiremos a las razones que muchos esgrimen públicamente para justificar la ambición de poder: ¿cuántas veces hemos escuchado a un poderoso declarar que sacrifica su vida en servicio de la comunidad o decir a alguien que se entrega por salvar a su patria, su religión, su civilización o incluso por el bienestar de los pobres?

A ese respecto, la filosofía del wuwei es taxativa. En una de sus declaraciones más célebres, Yangzhu defendía que un verdadero sabio no se arrancaría un solo pelo del cuerpo por salvar el mundo. Aunque fue muy tergiversado por sus adversarios, que le tachaban de egoísta, lo que el yinshi quería expresar era, simplemente, que quien hace favores algo espera. El sabio oculto no ve en los sacrificios personales más que retorcido engaño: si uno no es capaz de salvarse a sí mismo, ¿cómo va a salvar a los demás? Para él, pues, el mundo debe confiarse a otras personas:

> «A quien valora su propio cuerpo más que el mundo entero
> se le puede confiar el mundo,
> a quien ama más su cuerpo que el mundo entero
> se le puede entregar el mundo».
>
> *TTC13*

No necesitamos sacrificios, pues, ni mucho menos héroes y mártires. ¿Cuántos de los héroes cuyos retratos cuelgan en los museos, cuyas estatuas presiden nuestras plazas y cuyos actos son exaltados en las enciclopedias no fueron, simplemente, prisioneros de patéticas ambiciones? El taoísta no puede reprimir la ironía al respecto:

> «Al héroe el mundo le tiene por bueno, aunque no le permitió conservar la vida».
>
> *ZZ, Libro XVIII*

* * *

¿Sirve realmente el wuwei para gobernar? ¡Naturalmente que sí! Si no fuera así, ¿qué sentido tendrían los consejos de los sabios ocultos a reyes y nobles? No solo sirve, sino que proporciona lo esencial: el sustrato sobre el cual fundamentar el ejercicio de gobierno. En otras palabras, la decisiva intención.

En la práctica, sin embargo, el wuwei ha topado tradicionalmente con un obstáculo: la imposibilidad de clasificar nítidamente los materiales que maneja. En un examen, pueden evaluarse los conocimientos de geografía, economía o administración de empresas del candidato; sin embargo, ¿cómo evaluar el grado de espontaneidad, lealtad o tendencia a la desidia? A raíz de eso, las sucesivas dinastías chinas recurrieron al confucionismo como sistema de gobierno, relegando la filosofía taoísta a la esfera privada, excepto en casos muy puntuales.

Sin embargo, el hecho objetivo es que el sistema escogido de gobierno, que halla paralelismos con otras civilizaciones, singularmente en el Occidente contemporáneo, acaba desembocando de forma inexorable en la frustración y el desastre, aunque sea a través de la prosperidad. La tozuda historia se empeña en desmostrarlo una y otra vez. Si verdaderamente se desea construir una sociedad saludable, insiste el taoísta, los esfuerzos más urgentes deben centrarse en asegurar la óptima calidad del fundamento, más que en legislar obsesivamente sobre el tráfico de superficie. Fácil o difícil, no hay otra opción.

Para armar ese fundamento, no sorprende que el yinshi destaque el valor de la humildad. Detengámonos un momento, antes de continuar, a puntualizar lo que se entiende por humildad, ya que en nuestra sociedad actual, donde por encima de todo se exalta el triunfo personal, la humildad se contempla como algo ñoño y poco deseable, propio de seres blandengues, cobardes y desnutridos, o de la cantinela de esos curas pálidos que hablan en voz baja.

La humildad del taoísta no tiene que ver con eso. Por el contrario, fortalece más que cualquier arma. Si la ambición es espada, la humildad es agua: ¿se puede herir al agua con la espada, por furiosa que sea la embestida? Sin necesidad de responder a la agresión, ni de alterarse en lo más mínimo, el humilde siempre permanece indemne. Nada ni nadie puede dañarle:

> «Nada hay en el mundo más blando y suave que el agua, pero nada puede superarla en el combate contra lo duro y lo resistente».
>
> *TTC78*

Es más fácil decirlo que practicarlo, eso sí. ¡Qué difícil le resulta al adolescente mantener la autoestima cuando el compañero de clase le refriega en la cara la exclusiva marca de ropa! ¡Y qué difícil, para quien por fin consiguió la prenda de marca, reprimir la ostentación ante el compañero! Aunque parezca mentira, esa simple mecánica emocional es el cáncer que corroe el fundamento de toda sociedad humana; la que, con una pasmosa capacidad de reproducción en todos los órdenes de la vida, parece condenarnos a una adolescencia eterna.

El wuwei urge, antes que nada, a afrontar esa dramática realidad, pues no es posible desarrollar una arquitectura sana basándose en el deseo de poseer más que el vecino. Mientras no se atienda seriamente a eso, insiste el taoísta, la derrota y el sufrimiento están asegurados:

> «Una gran ambición conduce necesariamente a la ruina;
> quien mucho acumula sufrirá grandes pérdidas.
> Por eso, quien se contenta no conoce la humillación,
> quien sabe refrenarse no conoce el peligro
> y puede vivir largo tiempo».
>
> *TTC44*

El contento a que se refiere la cita, ya se habrá entendido, es el de quien, celebrando sus inclinaciones naturales, no se siente obligado a invertir su tiempo, dinero y energía –¡los bienes más escasos y preciados de que dispone!– en acumular. Naturalmente, en el frenético consumismo que habitamos, la postura del taoísta resulta más bien excéntrica –como siempre sucedió, por otra parte– e incomprensible para la mayoría, y no muy del agrado de quienes se lucran, precisamente, gracias a la mecánica actual de las cosas.

Pero es esa persona fuera de lo común, que no espera recompensa por sus acciones, la adecuada para gobernar el mundo, del mismo modo que es el general no violento el mejor comandante para el ejército.

El ejército, por cierto. ¡La guerra! Una cuestión ineludible para cualquier gobierno. No solo en aquella China en crisis, sino en cualquier otra región del mundo, y en cualquier otro tiempo. Por desgracia, hasta hoy mismo. ¿Cuál es la filosofía del wuwei al respecto? Veamos la sentencia del *Tao Te Ching*:

> «Las armas son instrumentos nefastos,
> lo mejor es usarlas solo en caso de necesidad;
> no es bueno buscar armas afiladas.
> ¡No te regocijes en la victoria!
> Regocijarse de la propia victoria
> es encontrar placer en matar hombres.
> Quien encuentra placer en matar hombres
> no podrá realizar su ideal en el mundo».
>
> *TTC31*

¿No es sorprendente que ideas tan sensatas como las sostenidas por los taoístas fueran arrinconadas por extravagantes?

Tan fácil y tan difícil. Terminemos con una cita de *Zhuang-*

zi, el más fino literariamente de entre los clásicos, que resume perfectamente el wuwei en una sola línea:

> «Distinguir lo que es obra del Cielo de lo que es obra del hombre, he aquí la suma perfección».
>
> *ZZ, Libro VI*

De la filosofía a la religión, o la perversión del taoísmo

En el año 142, en el monte Heming, provincia de Sechuan, tiene lugar un hecho capital. Laozi se revela a un ermitaño llamado Zhang Daoling, anunciando el fin del mundo conocido y el inicio de la Era de la Gran Paz. Le transmite las enseñanzas para la Unidad Ortodoxa (Zhengyi), y le inviste como maestro celestial. Con esa revelación nace el llamado taoísmo religioso.

Por esa época, China se hallaba de nuevo sumida en una gran crisis. La dinastía Han, que había gobernado el país durante cuatro siglos, había caído en un proceso de deterioro irreversible. Una vez más, el orden supuestamente sólido se colapsaba, y el desconcierto se apoderaba del mundo. Crisis, crisis, crisis. No es de extrañar, pues, que hubiera oídos dispuestos a aceptar el discurso apocalíptico de Zhang Daoling.

El sistema de gobierno de los Han se había basado, ya desde épocas tempranas, en la propuesta confucionista, pero la filosofía de los taoístas había gozado, paralelamente, de una buena consideración entre las élites: nunca dejó de estar a la vista. Muy en el estilo chino, siempre flexible, cada rey, cada consejero y cada letrado escogía lo que más le convenía, y cocinaba su propia fórmula.

Con Zhang Daoling, lo que había sido el pensamiento de una serie de filósofos, sin más, se convirtió en base de la nueva religión organizada. El *Tao Te Ching* quedó bendecido como texto fundamental, y a su alrededor se armó un canon llamado "Daozang", el cual, además de las obras de referencia de los yinshi que ya conocemos, fue incorporando los sucesivos comentarios de sabios sobre todo tipo de materias, así como manuales de conducta, instrucciones para rituales o tratados de alquimia.

El taoísmo absorbió, por otra parte, abundantes elementos de la religión popular. Asimiló el culto a los antepasados y los oráculos, así como el panteón de dioses y, en general, la concepción cósmica tradicional, lo cual permitió al pueblo mantener las costumbres de siempre, y a sacerdotes, ancianos y médiums mantener su jerarquía. No ha de extrañar, pues, que el pueblo se identificara con la nueva religión.

También adoptó las antiguas prácticas de las élites en relación con la inmortalidad y la longevidad. Con ello, se animó el desarrollo de importantes estudios sobre el medio físico y, en particular, sobre el cuerpo humano, que encontrarían sus canales en disciplinas como la medicina tradicional, la alquimia, el qigong, el taichi, etc.

El taoísmo religioso, pues, estableció vigorosas conexiones con las raíces, lo cual explica que consiguiera afianzarse en un lugar muy central en la cultura china, con fronteras en todos los ámbitos.

Dos siglos después de la revelación, con la China aún fragmentada y convulsa, tuvieron lugar dos aportaciones sustanciales al paquete del taoísmo religioso.

En primer lugar, la potente tradición alquímica del sur, con la obra del maestro Ge Hong, por una parte, y los textos Shangqing, por otra, vinculados estos últimos a una nueva serie de revelaciones. Ello revigorizó la línea esotérica, recordemos que presente en la cultura china desde la antiguedad remota, y nunca abandonada del todo. Se multiplicaron, pues, los manuales de instrucciones para componer brebajes para la longevidad y píldoras para la inmortalidad, así como las tablas de ejercicios de respiración y meditación, los tratados sobre la correcta alimentación, etc., los cuales pasarían a engrosar el "Daozang".

En segundo lugar, el grupo de textos "Lingbao", destacables por dos elementos: la minuciosidad ritual y los preceptos morales. En los textos "Lingbao" se establece contacto con las grandes ceremonias de los antiguos emperadores chinos, pero también con los modos formales de una religión extranjera, llegada tres siglos atrás, llamada budismo. Los aspectos morales del "Lingbao" también son, esencialmente, fruto de la influencia budista. Con ello, penetran en el taoísmo ideas como la ley del karma o la salvación, entre otras.

La influencia mutua entre taoísmo y budismo habría de ser continuada. De hecho, el taoísmo se desarrolla formalmente como religión mirándose en el espejo del budismo: monasterios, rituales, códigos morales. El budismo, por su parte, tampoco se muestra impermeable a las propuestas del taoísmo. Algunas de las sectas adoptan y adaptan su exuberancia cósmica, con su riqueza iconográfica; en la escuela C'han, que en su viaje al Japón se convertiría en Zen, permean los postulados naturalistas del taoísmo filosófico.

Al tiempo que se influenciaban, el taoísmo y el budismo se desarrollaban en competencia, pues ofrecían el mismo tipo de producto. El confucionismo, por su parte, seguía siendo el sistema ético-político-social favorito de los gobiernos. La religión popular mantenía también una vigorosa presencia, siendo fuente inagotable de fabulosos mitos y leyendas, a cual más instructivo, y asegurando el vínculo con las raíces.

A estas alturas, ya se han mencionado los elementos básicos del taoísmo religioso. A partir de ahí, se multiplicarían las escuelas, sectas y posturas personales, con el aval de la tradicional ductilidad china y al albur de las circunstancias, incluyendo tensiones entre ortodoxias y heterodoxias varias y suculentas batallas por el poder. Aunque algunos gobernantes otorgarían al taoísmo un papel central en su ideario, lo habitual era compaginar la aplicación pública del confucionismo con la devoción privada al taoísmo: al igual que el pueblo, las élites nunca dejaron de sentirse atraídas por la senda esotérica de magos y chamanes, por un lado, ni por la actitud contemplativa de los viejos yinshi, por otro.

Hoy en día, el taoísmo reverdece en la República Popular tras un largo período de represión. En los nuevos tiempos, el gobierno ha decidido cuidarlo como patrimonio cultural, promoviendo su estudio en universidades y esmerándose en el mantenimiento de templos con fines ceremoniales y turísticos. Existen dos grandes sectas: Zhenyi, cuyo maestro celestial residente en Taiwán reivindica un vínculo directo con Zhang Daoling, y Quanzhen, que fue fundada en época de los mongoles y se sitúa como la más importante del país, sobre todo en las regiones del norte.

La gran mayoría de chinos de hoy apenas conoce el taoísmo, al menos en cuanto se refiere a textos y posturas filosóficas. En general, quienes acuden a los templos se limitan a brindar ofrendas a los antepasados o a consultar los diferentes oráculos. El taoísmo se hace también muy visible en la escena ritual, puesto que sus clérigos se encargan de oficiar buena parte de las ceremonias de la comunidad. Su presencia en la sociedad, pues, se vincula principalmente a las tradiciones de la religión popular.

Resulta difícil establecer el número de sus adeptos en la China actual, pues las estadísticas son confusas, entre otras cosas porque mucha gente se declara seguidora de varias religiones a la vez. En particular, muchos practicantes no distinguen entre el taoísmo y la religión popular. Sí que se puede establecer, en cualquier caso, que el número de adeptos taoístas en el país está muy por debajo del número de budistas.

Para el forastero, el mundo taoísta resulta muy atractivo. La exuberante belleza de los templos, con los múltiples residentes, a cual más espectacular, resulta abrumadora. La vívida piedad de los feligreses al realizar sus ofrendas, manejar las varillas de la fortuna o murmurar la oración es entrañable. Si se le ocurre indagar sobre el mito o el significado de tal o cual dios, sin embargo, o de tal o cual grupo de personajes, o de tal o cual práctica, lo más probable es que termine mareado y fascinado a partes iguales. El océano del taoísmo religioso es gaseoso, y no se aprehende, sino que se habita.

No podemos terminar esta exposición sin aludir a una realidad capital: el taoísmo religioso ofrece graves discordancias con el pensamiento de los yinshi. Ni el *Laozi* ni el *Zhuangzi* ni el *Liezi* mantienen una gran consideración, como se ha explicado, por la erudición, la pompa ritual o el ansia de fortuna, sino todo lo contrario: abominan de ello. Tampoco les interesa la longevidad ni la inmortalidad, ni, en general, las propuestas de la vía alquímica.

¿Cómo explicar tan flagrante contradicción entre las reglas del taoísmo religioso y los postulados filosóficos que lo inspiraron? La respuesta es muy obvia: si aspiraba a imponer una presencia importante en lo político y lo social, el taoísmo como organización no podía permitirse la actitud desprendida y excéntrica de los yinshi. Se trata, pues, de una cuestión de poder. Por otra parte, ¿qué lógica se puede esperar de lo que se fundamentó en algo tan poco lógico como una revelación?

El sabio oculto, por definición, se esconde. Ni sermonea en los templos, ni dirige rituales, ni adivina futuros, ni ofrece sus servicios por el ciberespacio. El sabio oculto se ofrece solo en la circunstancia apropiada. Quizá, incluso, sin palabras. Y, ciertamente, sin pedir nada a cambio.

> «El hombre perfecto no tiene yo,
> el hombre espiritual no tiene éxito,
> los grandes sabios no tienen nombre».
>
> *ZZ, Libro I*

Bibliografía

Textos clásicos

Zhuang zi, Maestro Chuang Tsé. Versión de Iñaki Preciado Ydoeta. Kairós, Barcelona, 1996. Preciado es uno de los más prestigiosos sinólogos de España. Con una muy buena introducción y notas.

The way of Chuang Tzu. Versión de Thomas Merton, Shambala, Boston, 2004.

Tao Te Ching, Lao Tzu. Versión de Stephen Adiss y Stanley Lombardo. Con introducción de Burton Watson. Hackett, Indianápolis 1993. Traducción desnuda, acercándose al máximo al estilo monosilábico chino original.

Tao Te King. Edición de J.M.Tola, Barral, Barcelona, 1976.

Tao Te Ching. Versión de Iñaki Preciado. Alfaguara, Madrid, 1978-1996.

Lie zi, el libro de la perfecta vacuidad. Versión de Iñaki Preciado, Kairós, Barcelona, 1987. Con muy buena introducción y notas.

Meditación taoísta. Edición de Thomas Cleary. Oniro, Barcelona, 2002. Textos clásicos taoístas.

Wen Tzu. Understanding the mysteries. Versión de Thomas Cleary. Shambala, Boston, 1992. Texto clásico taoísta.

The Tao of politics. Lessons of the masters of Huainan. Versión de Thomas Cleary. Shambala, Boston, 1990. Texto clásico taoísta.

I Ching, el Libro de las Mutaciones. Richard Wilhelm. Prólogo de C.V. Jung. Edhasa, Barcelona 1960-2007. La versión de Wilhelm, originalmente en alemán y después vertida a otros idiomas, es la más divulgada del mundo.

I Ching, the Shamanic Oracle of Change. Versión en inglés de Martin Palmer, Jay Ramsay, Zhao Xiaimin. Thorsons, Londres-San Francisco, 1995. Traducción desnuda, especialmente orientada a reconocer sus orígenes chamánicos.

I Ching, el Libro de los Cambios. Versión directa al español de Jordi Vilà. Atalanta, Gerona, 2006. Editada en catalán por Pagès Editors, Lleida, 2012. Muy completa y actualizada. Incluye el comentario del filósofo clásico Wang Bi, en versión de Albert Galvany.

The I Ching, the Book of Changes. Versión de James Legge, diversos editores. Incluida originalmente en la obra enciclopédica *Sacred books of the East*, Oxford University Press, Oxford, 1879-1910. Constituye la versión más antigua en una lengua occidental.

I Ching para todos. Carlos Molinero, Deva's, Buenos Aires, 2005. Versión libre en lenguaje sencillo y actual.

I Ching. Versión de Mirko Lauer, Barral, Barcelona, 1971.
The art of war. Sun Tzu. Versión de Thomas Cleary, Shambala Publications, Boston, 1991.

Historia y mitología

Chinese Religions. Joseph Adler, editado por Ninian Smart. Routledge, 2002. En español: *Religiones chinas*, Akal Editores, Madrid, 2005.
The Cambridge Illustrated History of China. Cambridge University Press, Cambridge, 1996. En español: *Historia de China*, La esfera de los libros, Madrid, 2009.
Chinese Mythology. Anthony Christie, Newness Books, 1983.
China. Alejandra Wetzel, Mondadori, Milán, 2006.

Filosofía, Fengshui, Qigong

China, historia del pensamiento. Jesús Mosterín, Alianza Editorial, Madrid, 2007.
La sabiduria como estetica. Chantal Maillard, Akal, Madrid, 1995.
El camino del Tao. Alan Watts, Kairós, Barcelona, 1976.
Taoísmo. Alan Watts, Kairós, Barcelona, 1999.
Taoism. Paula R. Hartz, Facts on File Inc, Nueva York, 2004.

El Silencioso Tao. Raymond M.Smullyan, Liebre de Marzo, Barcelona, 2004.

La puerta del dragón. Chen Kaiguo-Zheng Shunchao, Edaf, Madrid, 1997.

El significado del I Ching. Helmut Wilhelm, Paidós, Barcelona, 1992.

La Ciencia China del Feng Shui. Maestro Lam Kam Chuen, Gaia Books, Londres, 1995 y Oasis, Barcelona, 1996.

Feng Shui, la armonizacion estetica paso a paso. José Manuel Chica Casasola, Geoenergia/El taller del hábitat, Barcelona, 2004.

Qi Gong, práctica corporal del pensamiento chino. Isabel Calpe Rufat, Kairós, Barcelona, 2003.

Artículos científicos

Taoisme: Religion non-officielle de la Chine. Anna Seidel y Farzeen Baldrian Hussein. Cahiers d'Extreme-Asie, vol. 8, 1995.

Une tradition réfractaire à la théologie: la tradition confucianiste. Léon Vandermeersch. Extrême-Orient, Extrême-Occident, n.º 6, 1985.

Koumang and Ju-Shou. Jeffrey Riegel. Cahiers d'Extrême-Asie, vol. 5, 1989.

The Yao Boduo stele as evidence for the "Dao-Buddhism" of

the Early Lingbao scriptures. Stephen R.Bokenkamp. Cahiers d'Extrême-Asie, vol. 9, 1997.

Le discours de libération de l'homme: quelques traits caractéristiques de l'évolution du bouddhisme au sein de la tradition chinoise: nirvana, nature de Buddha et culte d'Amitaba. Paul Magnin. Extrême-Orient, Extrême-Occident, n.º 6, 1985.

Tsung-mi's Perfect Enlightment retreat: Ch'an ritual during the Tang Dynasty. Peter N. Gregory. Cahiers d'Extrême-Asie, vol. 7, 1993.

Société et religion dans la Chine mediavale. Franciscus Verellen. Bulletin de l'Ecole Fraçaise de Extrême-Orient, vol. 87, 2000.

Avalokitevara/Kouan-yi, un exemple de transformation d'un dieu en déesse. Rolf A. Stein. Cahiers d'Extrême-Orient, vol. 2, 1986.

Point de vue: À propos d'une vision du monde, ou un jardin sans jardinier. Joël Bellassen. Extrême-Orient, Extrême-Occident, n.º 6, 1985

Recherche sur l'alchimie intérieure (neidan): L'école Zhenyuan. Isabelle Robinet. Cahiers d'Extrême-Asie, vol. 5, 1989.

L'alchimie interne dans le taoïsme [Procédés Secrets du Joyau Magique-Traité d'Alchimie Taoïste du XIe siècle, traduit du chinois par Farzeen Baldrian-Hussein, Paris 1984]. Isabelle Robinet. Cahiers d'Extrême-Asie, vol. 2, 1986.

Le rôle et le sens des nombres dans la cosmologie et l'alchimie taoïstes. Isabelle Robinet. Extrême-Orient, Extrême-Occident. n.º 16, 1994.

The Practice of Bugang. Poul Andersen. Cahiers d'Extrême-Asie, vol. 5, 1989.

La trame et la chaîne: aux origines de la constitution d'un corpus canonique au sein de la tradition confucéenne. Anne Cheng. Extrême-Orient, Extrême-Occident, 1984.

Les états de conscience inhabituels dans le «Zhuangzi». Thomas Leon. Revue de l'histoire des religions, tome 204, n.º 2, 1987.

La littérature divinatoire dans le Daozang. Marc Kalinowski. Cahiers d'Extrême-Asie, vol. 5, 1989.

Divination and Confucian exegesis. John B. Henderson. Extrême-Orient, Extrême-Occident, n.º 21,1999.

Early Taoist Ritual [Ursula-Angelika Cedzich, Das Ritual der Himmelsmeister im Spiegel früher Quellen]. Anna Seidel. Cahiers d'Extrême-Asie, vol. 4, 1988.

Taoist Ritual Space and Dynastic Legitimacy. John Lagerwey. Cahiers d'Extrême-Asie, vol. 8, 1995, págs. 87-94.

Le qigong au carrefour des "discours anti". De l'anticléricalisme communiste au fondamentalisme du Falungong. David A. Palmer. Extrême-Orient, Extrême-Occident, n.º 24, 2002.

Field Notes On Two Taoist Jiao Observed In Zhangzhou in December 1985. Dean Kenneth. Cahiers d'Extrême-Asie, vol. 2, 1986.

Entre taoïsme et culture populaire. John Lagerwey, Bulletin de l'Ecole française d'Extrême-Orient, vol. 83, 1996.

Religious Taoism and Dreams: An Analysis of the Dream-data Collected in the Yün-chi ch'i-ch'ien. Lin Fu-shih. Cahiers d'Extrême-Asie, vol. 8, 1995.

The Standard Taoist Mountain and Related Features of Religious Geography. Thomas H. Hahn. Cahiers d'Extrême-Asie, vol. 4, 1988.

Zhouyi and Philosophy of Wei (Positions). Cheng Chung-ying. Extrême-Orient, Extrême-Occident, n.º 18, 1996.

Webs

http://www2.kenyon.edu/Depts/Religion/Fac/Adler/adler.htm. Sitio de Joseph Adler, director del Departamento de Estudios Asiáticos del Kenyon College, Ohio. Autor del libro "Chinese religions", mencionado más arriba. Multitud de enlaces taoístas.

http://depts.washington.edu/chinaciv/index.htm. Sitio de Patricia Buckley Evrey, Universidad de Washington, Patricia Buckley Ebrey es profesora de Historia en la Universidad de Washington. Autora del libro "The Cambridge illustrated history of China", mencionado más arriba. Una guía visual de la civilización china.

http://spanish.china.org.cn/. Sitio oficial del China Internet Information Center, órgano gubernamental. En él podemos encontrar todo tipo de informaciones de cultura y actualidad china. Muy completo.

http://oaks.nvg.org/pega2.html. Página de taoísmo y confucionismo, con enlaces a textos clásicos. Ubicado en un extenso sitio dedicado a la divulgación cultural, gestionado por el historiador Tormod Kinnes en el ámbito de la Universidad Noruega de Ciencia y Tecnología de Trondheim. Interesante, más allá del taoísmo.

http://factsanddetails.com/. Sitio personal de Jeff Hays, profesor, escritor y viajero californiano establecido actualmente en Japón. Artículos muy claros y documentados sobre todos los aspectos de las culturas china y japonesa.

http://weber.ucsd.edu/~dkjordan/chin/hbcanondaw-u.html. Enlace directo a una interesante página sobre el "Daozang", el canon taoísta, que pertenece al sitio personal de David K. Jordan, profesor emérito de antropología de la Universidad de California, San Diego (UCSD). En el sitio se encuentran muchas otras informaciones de interés sobre la cultura china.

http://www.goldenelixir.com/index.html. Sitio dedicado exclusivamente al taoísmo, con un importante apartado sobre la alquimia. Multitud de ensayos y entradas de la "Enciclopedia del taoísmo". Golden Elixir Press, además, ofrece productos editoriales.

http://taoism.about.com/od/basicprinciples/a/Index.-070.htm. En el ámbito multitemático www.about.com, integrado en la compañía del New York Times, Elizabeth Reninger, estudiosa del taoísmo y practicante de medicina china y qigong gestiona una página muy bien ordenada y documentada dedicada a los diferentes aspectos del taoísmo.

http://www.persee.fr/web/guest/home. Portal de revistas científicas *on-line*, con cientos de miles de documentos y artículos disponibles. Lugar de procedencia de los mencionados anteriormente.

http://amediavoz.com/poetasChinos.htm. Pequeña pero cuidada selección de poetas clásicos chinos, dentro del portal de poesía www.amediavoz.com.